YING ZAI ZHI CHANG

ZHI YE SHENG YA GUI HUA YU JIU YE ZHI DAO

赢在职场

职业生涯规划与就业指导

主　编　徐　健　柳景深

副主编　纪克玲　李晓君　李　波

　　　　陶梦民　王伟超　张小卿

　　　　邓铁成　史　玲

山东人民出版社

国家一级出版社 全国百佳图书出版单位

编委会

主　编	徐　健　柳景深
副主编	纪克玲　李晓君　李　波　陶梦民　王伟超
	张小卿　邓铁成　史　玲
编　委	刘文婷　战桂芳　王庆民　侯卫芹　郭建华
	李永民　赵　玮

编写说明

就业是"民生之本"。当前职业技术院校就业问题已经成为全社会关注的焦点之一。我们在实践中发现,一部分学生甚至毕业生,不懂得如何进行职业规划,缺乏有效地求职技能,这样对自己的发展极为不利。要改变这种现状,我们提出了"职业规划,从入学开始"。

打开这本书,你将了解自己的兴趣是什么,希望从事什么职业;了解自己的性格适合从事什么职业;了解自身具有的能力能够从事什么职业。通过自我探索,找出答案。只有了解自己优势和劣势的人,才能在社会的深海中自在遨游。

打开这本书,你将学会对自己客观地评价,从而确定自己的发展方向和目标。从入学开始,就对自己的职业生涯进行科学的规划,围绕你的职业目标,有计划地拓展自己的综合素质和职业能力,度过一段最充实的时光。

打开这本书,你将了解职业发展趋势、职场环境以及未来职业对人才的需求,了解企业希望招聘具有什么素质的学生。只有清楚地知道自己所应聘企业的需求,才能找到最适合自己的企业和工作岗位。

打开这本书,你将学会制作充分展示自己精彩的个人简历;学会撰写打动招聘人员的求职信,从而顺利闯过求职第一关,得到面试的好机会;你还将学会机智回答面试官提出的各种问题,留给面试官良好的第一印象,从而顺利得到梦寐以求的好工作。

打开这本书,你将进一步感悟"工匠精神",还将学习到"学生顶岗实习"的有关问题及建议。

打开这本书,你将发现每一章节前均以"案例故事"和"案例分析"来导入该章节内容,如同身临其境,以提高学习热情和效率;在一些章节后增加了"拓展阅读"等内容,以扩充学习的知识面。

本书在编写过程中得到了就业指导专家的指导和帮助，参考了同行的有关著作和教材，吸取了其中有价值的成果，在此表示衷心地感谢！同时恳请同行专家和同学们给我们提出宝贵意见，帮助我们更好地修订、完善这本教材。

编　者

2017 年 4 月

目 录

第一章　绪论

目标：职业生涯规划基本概念

当我们用审视的目光去观察和判断身边人们的生活状态时，会发现成功人士往往具有一些惊人的"通性"——他们在"职业规划"或"自我修炼"方面有着高人一等的造诣，从而取得了常人梦寐以求的成就。每个人的职业生涯就那么几十年，如果没有一个切合实际的规划，不要说难以取得大的成就，有时候可能连饭碗也保不住。通过本章的学习，希望你能了解：

1. 职业生涯规划的含义。

2. 职业生涯规划的原则与步骤。

任务：职业生涯规划成就梦想

本章探讨做好职业生涯规划的必要性和职业选择的重要性，帮助技工院校学生在正确的道路上不断发展自己。

职业生涯规划成就梦想

准备：选择比努力更重要

要想选对职业，取得职业的较大发展，就必须科学地进行职业生涯规划。

第一节　职业生涯规划，成就梦想

案例故事：

有一个人，名字叫失败，他干什么都不成，从来就没有成功过。有人就给他提了一个建议，说某某地方有一个圣人，曾经为很多人指点迷津，使他们从失败走向成功，你可以去请教他，让他帮助你成功。于是，失败找到这个圣人，向他请教如何走向成功。圣人首先问他究竟想往哪个方向努力。失败就告诉圣人，只要能够成功，什么方向都无所谓，你给我指点吧。结果，

圣人说，如果是这样的话，那么，你走哪条道都无所谓了，你走吧。

启示：

当一个人想要成功的时候，他首先需要去确定一个正确的发展方向，进行具体规划，如果没有方向，那他永远都不会成功。

一、职业生涯规划的概念和意义

（一）职业生涯的概念

职业生涯是指一个人一生的工作经历，特别是职业、职务、职位的变动及工作理想实现的整个过程。一般认为，我们的职业生涯开始于任职前的职业学习和培训，终止于退休。据资料统计，大部分人的职业生涯时间占可利用社会时间的70%~90%。职业生涯伴随我们的大半生，选择什么样的职业作为我们的工作，这对于每个人的重要性都是不言而喻的。拥有成功的职业生涯，才可能实现完美的人生。

（二）职业生涯规划的概念

职业生涯规划，是指对决定一个人职业生涯的主客观条件进行分析、总结和测定，结合时代特点，根据自己的职业倾向，确定其最佳的职业奋斗目标，并为实现这一目标做出行之有效的安排。职业生涯规划的目的不仅仅是找到一份工作，更重要的是通过制订职业生涯规划更加清楚地了解自己，并结合社会环境等外部因素确定职业发展方向，拟定可行的行动计划，以实现人生价值的最大化。职业生涯规划要求技工院校学生有计划、有目的、有步骤地促进职业生涯发展。职业生涯规划的主要任务是：

1. 确立职业发展的目标。

目标代表着每个人的理想追求，也引导着其行为的方向。明确而坚定的目标是赢得成功、有所作为的基本前提。

2. 制订职业发展的策略。

职业生涯策略是指为争取职业生涯目标的实现所采取的各种行动和措施，包括职业生涯发展路线、教育培训安排、实践计划等方面的措施。每个职业都有一定的教育和培训要求，这种对入行为能力的要求包括短期的职业培训以及全日制的教育。如果你确定了职业目标，就必须获得相应的职业知识和技能。

制订职业发展策略是考虑如何实现目标的问题。根据个人不同情况，可以选择多种多样的策略。一般来说，职业发展策略可以分为三种：

（1）一步到位型。针对现有的条件，利用已经具备的资源，直接实现目标。

（2）多步趋进型。是对目前不能实现的目标，先选择一个和目标接近的职业，然后逐步实现目标。

（3）从业期待型。在没有条件实现目标，也没有理想职业可以选择的条件下，先选择一个职业投入工作，等待时机以实现自己的目标。

3. 明确具体的职业生涯发展途径。

职业发展途径是从事职业、实现理想目标的必要条件，它贯穿人的一生。

4. 设计具体的活动计划。

要根据职业活动的特点和全过程的需要，设计切实可行的活动计划。其中包括：时间表、空间安排、程序安排等。一般来说，职业生涯规划按照规划的时间维度可分为：短期规划、中期规划、长期规划和人生规划四种类型。人们一般把职业规划的重点放在五年内的中期规划中。

（三）技工院校学生职业生涯规划的特点

技工院校学生正处在职业探索期，缺乏工作经历和职业经验，在制订职业生涯规划时，与其他人相比往往有很大不同。技工院校学生职业生涯规划的特点是：

1. 个性化。技工院校学生职业生涯规划是根据每个人的实际情况制订的，每个人的个性、价值观、思维方式和行为方式不同，对职业认识的程度不一样，择业标准不一样，反映在规划上，必然会具有独特性。

2. 开放性。虽然职业生涯规划是技工院校学生自己设计的，但不是闭门造车。要在制订中充分考虑社会提供的条件，反复征求、参考家人和老师等的意见，有条件的还要利用社会的测评机构，以对自己的职业能力进行多方面了解，这样开放性地制订规划，才能客观、可行。

3. 可操作性。制订职业生涯规划不是一种形式，也不是为了完成某项作业，其目的就是指导每个人的职业发展。发展阶段的确定、发展措施的思考、发展道路的选择，最终都要落实到执行上来，所以规划必须具有可操作性。

（四）职业生涯规划的意义

美国的成功学大师安东尼·罗宾斯曾经提出过一个成功的万能公式：

成功＝明确目标＋详细计划＋马上行动＋检查修正＋坚持到底

从这个公式可以看出，一个人要想获得成功，首先要明确自己的目标并制订详细的计划。人生的多半时间是在从事职业活动，职业成就是人生幸福的基础，拥有成功的职业生涯才能实现完美人生。因此，职业生涯规划具有特别重要的意义。

第一，职业生涯规划可以明确人生的发展目标，提升成功的机会，实现其对职业生涯的认识从模糊到清醒的转变。

第二，职业生涯规划可以发掘自我潜能，增强个人实力，实现其对人生态度从消极到积极的转变。

第三，职业生涯规划可以提升应对竞争的能力，增强职业的主动性，实现其在职场的竞争中从被动到主动的转变。

第四，职业生涯规划可以增强合作意识和信息意识，提高沟通能力，实现其在社会交往中从封闭到开放的转变。

每一个人都不是一座孤岛，都要在群体中生活和发展，这就要求具有一定的沟通能力。所以，每个人的职业生涯，都与沟通相关。作为合格的技工院校学生，应该在职业生涯中加深对沟通的认识，不断扩大视野，学会与人相处，将来还要学会与同事、下属相处，学会与上司、客户相处。

二、职业生涯规划的原则

（一）职业生涯规划的原则

制订职业生涯规划是一件关系到一生幸福、事业成功的大事，必须十分慎重。要综合考虑多种因素，找出主要的制约条件，全面认识问题，权衡利弊，综合平衡各种因素，只有这样，才能制订出科学可行的职业生涯规划。制订职业生涯规划，主要遵循以下几个原则：

1. 择世所需。个人离不开社会，职业发展和社会需要紧密地联系在一起，只有充分考虑社会需要，才能正确认识职业的长远发展的问题。

2. 择己所利。人们制订职业生涯规划的目的，是为了在职业选择和发展中实现自己利益的最大化，满足人生的多种需求。所以在制订职业规划时，也要好好考虑"自己基本利益怎样才能得到保证，在什么样的职业中才能更加体现自己的价值"等问题，积极采取措施，尽可能保证自己的利益不受损失。

3. 择己所爱。从事一项你所喜欢的工作，工作本身就能给你一种满足感，你的职业生涯也会从此变得妙趣横生。诺贝尔奖获得者丁肇中教授说："兴趣比天才更重要。"爱因斯坦曾经说过，兴趣是最好的老师。兴趣是事业成功的基础条件，也是推动事业发展的强大动力。

4. 择己所长。任何职业都要求从业者掌握一定的技能，具备一定的能力。特长是职业、事业成功的保证。而一个人一生中不可能将所有技能全部掌握，所以你必须在进行职业选择时，择己所长，发挥优势，这样才能更好地驾驭职业和事业，做个行家里手。

5. 远近结合。一个好的职业规划，既要有长远眼光，能够考虑到 5 年、10 年，甚至更久以后可能的个人、家庭及社会的发展变化，也要紧紧根据情况的变化，分解、制订可行的短期目标。生命的周期性规律如生老病死，家庭的发展阶段如婚恋、生育、离异、丧偶等，社会的老龄化及家庭规模的缩小等变化，都会影响个人的职业规划。

6. 明确具体。一个好的职业规划，应该是目标明确而具体的。例如，不能笼统地说"我希望我以后成为一个管理者"，相比较而言，"我希望毕业三年之后我已经对服装设计的基本流程非常熟悉，我能在一家规模中等的服装厂担任一条生产线的服装设计助理，我希望自己能在业余时间补充必要的知识，在毕业第五年就能独立担任一条生产线的服装设计"，就是一个明确具体的职业规划。目标的明确和具体主要体现在制订的目标应该有一些可以量化或评估的指标，比如时间限制、职位的提升和发展、薪水的提升、培训的计划等。

7. 现实可行。一个好的职业生涯规划，应该是一个考虑了现实环境和个人条件的限制，切实可行的规划。脱离实际或难以实现的规划都是不可取的。职业生涯规划需要考虑各种外界因素的影响，比如家庭、健康、经济条件、文化等。

8. 灵活机动。灵活的计划是职业生涯持续健康发展的前提。规划好的职业生涯应该能根据现实环境和个人需求的变换而进行灵活调整。

（二）职业生涯规划的误区

技工院校学生在做职业生涯规划时，常见的错误主要包括以下方面：

1. 职业生涯规划无用论。有一个明确的职业目标方向是必要的。但有的学生认为，自己尚处于学习阶段，未来有太多的不确定因素，所以现在规划自己为时过早。这种想法造成的后果是学习的无目的性，荒废了宝贵的学习时光。进行职业生涯规划，就是要对我们所能做到的事全力以赴，机会总是青睐那些有准备的人。对于生命中一些个人无法掌握的因素，应以一颗平常心冷静地应对。

2. 在职业选择时过分依赖他人。在职业生涯规划过程中，也有的学生过分依赖他人，总希望有人能替他做出最后的选择。职业生涯规划的最大特征就是个性化，个人职业生涯规划必须由自己主导。每个人的成长环境、家庭经济条件、父母的社会地位、文化背景、个性类型、价值观、能力、职业生涯目标、父母的期望、对成功的评估标准等都不尽相同，所以，不同的人对自己的职业生涯规划也必不相同。老师、父母或朋友都无法替代，只能由自己根据实际情况来客观地进行规划。

3. 在自我评估时过分否定自己。进行自我评估，目的是要找出自己的优势和不足。不幸的是，许多人在评估过程中，看不到自己的优势所在，随之而来的是对自己的过分否定，认为自己一无是处。不断地从自己身上找缺点并克服这些缺点，的确是难能可贵的，但过分地否定自己，也容易让自己失去信心。缺乏自信的人，其事业是难以成功的。

4. 只考虑个人兴趣和爱好。一个好的职业生涯规划要根据社会需要、专业特长、兴趣和能力等综合因素来考虑。选择职业是一种社会活动，必然受到一定的社会因素的制约，任何人选择职业的自由都是相对的、有条件的，如果择业只考虑个人的兴趣和爱好而脱离社会需要，就很难为社会所接纳。

5. 没有把自己的目标告知身边的亲朋好友。职业生涯规划不可以一个人闭门造车，应把自己所做的努力和感兴趣的工作告诉身边的人，这样可能会有意想不到的收获。

6. 把自己局限于所学的"专业领域"。每个技工院校学生都有自己的专业，每个专业都有一定的培养方向和目标，这应该成为技工院校学生职业生涯规划的主要依据。但是很多能力在不同的职业领域都是通用的，而在职场中被更为看重的正是一个人的通用能力。所以重视自己全面能力的提高，而不是一个特殊职业领域能力的培养和提高尤为重要。

7. 期望寻找到一份完美的工作。技工院校学生期望寻找到一份完美的工作将会是一个长期存在的问题，技工院校学生必须调整自己的职业目标以适应当前的就业市场。也许世界上根本就没有一份完美的工作等待着你，所以，需要摆正心态，合理确定期望值。

8. 因循守旧。不要把大量的时间浪费在浏览大量的广告上。大部分的工作是需要你去联系、去接触、去面谈得来的。你需要尽一切努力让自己在一大堆求职者中显得与众不同。

9. 太早放弃。在你寻找工作的过程中，会遇到各种各样的问题。如果你能够提前意识到一些可能遇到的问题，将有助于你更好地处理问题。不要让拒绝和挫折打垮你的信心。也许下一次努力、下一个面试就是你所期待的新工作的起点。能带给你成功的往往是努力，而不单单只是运气。如果你能成功地化"问题"为"经验"，再坚持下去，也许，成功就离你不远了。

10. 忽略个人品德的培养。在当今教育和资讯都比较发达的时代，企业的用人标准也发生了很大的变化，应聘者的人品成为企业选择员工的一个非常重要的条件。因此，技工院校学生在规划自己的未来时，一定要注意培养良好的道德修养和健康的心理素质。

三、职业生涯规划的步骤

一个好的职业生涯规划是一个发展良好的职业生涯的开始，它可以让你高效率地安排自己的时间、精力、金钱和技能，取得事半功倍的效果。为了使未来的职业风险降至最低，在进行职业生涯规划时就要遵循科学的规划方法。职业生涯规划通常可依照以下八个步骤进行：

（一）确定志向

确定志向可以成为追求成功的驱动力。俗话说："志不立，天下无可成之事。"志向是事业成功的基本前提。立志是人生的起跑点，反映着一个人的理想、胸怀、情趣和价值观，影响着一个人的奋斗目标及成就的大小。所以在进行职业生涯设计时，首先要确立志向，要用发展的眼光、长远的观点来指导自己的择业。

（二）自我评价

自我评价也就是要全面了解自己。一个有效的职业生涯规划必须是在充分且正确认识自身条件与相关环境的基础上进行的。要审视自己、认识自己、了解自己，做好自我评估，包括自己的兴趣、特长、性格、价值观、学识、技能、智商、情商、思维方式、道德水准以及社会中的自我等内容。即要弄清我想干什么、我能干什么、我应该干什么、在众多的职业面前我会选择什么等问题。

（三）确立目标

确立目标是制订职业生涯规划的关键。有效的职业生涯规划需要切实可行的目标，制订切实可行的目标并没有想象的那么难，只要考虑一下你希望在多少年之内达到什么目标，然后一步步往回算就可以了。通常目标有短期目标、中期目标、长期目标和人生目标之分。长远目标需要个人经过长期艰苦努力、不懈奋斗才有可能实现。确立长远目标时要立足现实、慎重选择、全面考虑，使之既有现实性，又有前瞻性。短期目标更具体，对人的影响也更直接，也是长远目标的组成部分。

（四）环境评价

每一个人都处在一定的环境之中，离开了这个环境，便无法生存与成长。所以，在制订职业生涯规划时，还要充分认识与了解相关的环境，分析环境条件的特点、环境的发展变化情况、自己与环境的关系、自己在这个环境中的地位、环境对自己提出的要求、环境对自己有利的条件与不利的条件以及本专业、本行业的地位、形势与发展趋势，等等。只有对这些环境因素充分了解，才能做到在复杂的环境中避害趋利，使自己的职业生涯规划具有实际意义。

（五）职业定位

职业定位就是要为职业目标与自己的潜能以及主客观条件谋求最佳匹配。良好的职业定位是以自己的最佳才能、最优性格、最大兴趣、最有利的环境等信息为依据的。职业定位过程中要考虑性格与职业的匹配、兴趣与职业的匹配、特长与职业的匹配、专业与职业的匹配、价值观与职业的匹配等。职业定位首先要选定自己的发展方向，尔后要确定自己的发展地点，最后才是确立自己的发展起点。从基础做起，逐步积累经验，循序渐进，职业发展才会比较顺利。

（六）路径选择

在职业确定后，向哪一路线发展，此时要做出选择。即，是向行政管理路线发展，还是向专业技术路线发展；先走技术路线，再转向行政管理路线。发展路线不同，对职业发展的要求也不相同。因此，在职业生涯规划中，必须做出抉择，以便使自己的学习、工作以及各种行动措施沿着自己的职业生涯路线或预定的方向前进。

通常职业生涯路线的选择需考虑以下三个问题：（1）我想往哪一路线发展？（2）我能往哪一路线发展？（3）我可以往哪一路线发展？对以上三个问题，要进行综合分析，以此确定自己的最佳职业生涯路线。

（七）实施策略

实施策略就是要制订实现职业生涯目标的行动方案。没有具体的行为措施来保证，职业目标只能是一种梦想。既要制订周密的行动方案，更要注意去落实这一行动方案。对于在校学生而言，策略的实施主要包括以下几个方面。

首先，要构建自己合理的知识结构。学历、文凭只是美丽的外表，要在职业上有良好的发展，需要构建一个以专业知识为核心，相关专业知识、基础及一般知识为支撑的稳固、宽泛的知识结构。

其次，要培养职业所需要的实践能力。即具备从事本行业岗位的基本能力和某些相关专业能力。能力比知识更重要，所以，技工院校学生应重点培养满足社会需要的决策能力、创新能力、社交能力、实践操作能力、组织管理能力、终身学习能力、心理调适能力和随机应变能力等。

第三，参加有益的职业训练。当前针对技工院校学生进行的职业训练较少，学生可以通过校园文化活动、社会实践调查活动、学生"青年志愿者"活动、学生校园创业活动、社会兼职活动等接受职业训练。技工院校学生参加有益的职业训练，能更多更早地了解职业，掌握职业技能，提高心理承受能力，增强对未来职业的适应性。

（八）评估与反馈

有效的职业生涯规划要在实施中去检验，看效果如何，及时诊断生涯规划中各个环节出现的问题，找出相应对策，及时对规划进行调整与完善，以适应环境的变化。

由此可以看出，整个规划流程中正确的自我评价是最为基础、最为核心的环节。这一环节做不好或出现偏差，就会导致整个职业生涯规划出现问题。

拓展阅读：

职场新人自述真实经历

我毕业后应聘到一家银行，在深圳的二级分行工作，心里感到着实委屈。因为和很多同班同学一样，我意气风发，觉得自己将来就是当行长的料。那天，人事科长带我见了计划科的科长——我的上司。科长很热情地接待了我，并把同事一一介绍给我。我表面上笑笑，内心满是看不起——他们不是中专、大专，就是电大毕业的，怎么能和我这个正规大学生相比呢。

为了显露一下才能，一坐下我就迫不及待地问科长我的工作是什么。他说："不急，不急，熟悉一下环境再说。"一个星期后，科长交给我一项任务：写月度信贷和现金分析报告。这不是小菜一碟嘛，本小姐的毕业论文在学校可是获奖了的，这种小事一个晚上就能搞定，科长竟然给了我两天！我翻翻《金融时报》《金融研究》等杂志，旁征博引地写下了洋洋洒洒的六千字，第二天一早交给了科长，等着他的表扬。

可是几天后，打印出的分析报告不是我写的。我气极了，责问科长，他不急不慢地说："我们写分析报告，实践成分较多，那种宏观理论不适合我们。人家看我们的分析报告是想知道这个月存款和贷款的变化数。为什么储蓄存款增如了？是工资增加了，还是股市下跌，或是国库债券发行了？贷款为什么增加或减少？是哪家企业发生的？那天，我给了你不少资料报表，你好像没看。"第一轮我就这样输了。

后来，科长给了我财务报表，让我学学编信贷和现金月报。我在学校就学过工业、商业和银行会计，这么几十行数字实在比我以前学的简单多了。也不知出了什么问题，看似简单的数，我就是做不平，快下班时，科长问我做好没有，我很不好意思地说："对了好几遍，负债方还是比资产方多了286万。"科长让小王，一个中专生看看，他不出十分钟就把资产负债表给平了，原来我把贷方的143万错看成借方143万了。那一刻，我恨不得找个地缝钻进去……

行动：

活动一：

美国的成功学大师安东尼·罗宾斯曾经提出过一个成功的万能公式：成功

=明确目标+详细计划+马上行动+检查修正+坚持到底。从这个公式可以看出，一个人要想获得成功，要如何做？

活动二：

一位老师讲："每位学生都应该明白，毕业生作为一种人力资源最终将进入人才市场，在市场竞争中，每个求职者都是平等的，谁赢谁输，谁胜谁汰，只是个体之间综合素质的竞争。表面上看，角逐是在市场上展开的，而实际上，这种竞争早在进入市场前的学习过程中就开始了。"

问题：

对上述一段话，你有什么感想和打算？

评估：

学完了本章内容，现在请你通过下面的练习检查一下自己，看看是否掌握了本章内容的要点：

简述职业发展的趋势及对技工院校学生就业的影响。

简述技工院校学生进行职业生涯规划的重要意义。

按照职业规划的方法步骤给自己列一个职业生涯规划提纲。

第二章　自我探索 开启精彩人生

案例故事：

布里特的50个人生梦想

美国加利福尼亚州 27 岁的迪士尼设计师布里特·鲁恩赛维尔为了实现人生梦想，辞掉了薪水丰厚的工作，背着一个简单行囊离开家门，开始了追"梦"旅程。

不过，布里特的 50 个梦想大多稀奇古怪，比如，"到阿肯色州钻石坑国家公园中找到一颗钻石"，"对美国地产传奇大亨唐纳德·特朗普说——你被解雇了"等。他说："我认为这些事情都非常酷，而我一直都想尝试一下。我永远不想成为夸夸其谈却总是没有行动的人，所以去年我决定辞掉工作，好实现这些我渴望尝试的事情。我曾经睡在圣地亚哥市的人行道上，我也曾经睡在火车上和公共汽车上。我要实现的这些愿望，都是你如果现在不去做，那么将永远不可能去做的事情。现在每一天对我来说都是一项全新的冒险，但最让我感到惊奇的是，我经过的所有城市的人们都对我相当友好。"迄今为止，他已经实现了大部分梦想。

启示：

生命就是一次探险，每天都会有新的发现和收获，这种成功的喜悦胜过丰厚的薪水。每个人的职业选择充分体现了他的兴趣、性格、价值观和能力。

第一节　我是谁——自我探索

目标：自我探索

正如一个有趣的谜语所言："手能摸得到，但眼睛看不到，这是什么？"

答案是"眼睛"。真是不可思议。眼睛能看到所有有形的东西，为什么却看不到"自己"？认识自我，需要掌握一定的方法，而了解、接纳和发展职业自我，是个人职业生涯通向成功之路的前提。通过本节的学习希望你能了解：

1. 职业自我的含义以及探索的方法。

2. 合理规划大学学习及休闲生活，促进自我完善。

任务：开启精彩人生

1. 我是谁？

2. 自我探索。

一、自我探索是艰难之旅

古希腊奥林匹斯山的德尔菲神殿里有一块石碑，上面刻着象征最高智慧的"阿波罗神谕"："人，认识你自己。"曾有人问哲学家第奥根："世界上什么事最难办到？"他的回答是："认识你自己。"中国古代圣贤也说过，"人贵有自知之明"，"贵"就是难能可贵。人认识自己真的那么难吗？答案是肯定的。让我们踏上自我探索之旅，自己找寻答案吧。

（一）什么是职业自我

职业自我是自我概念在职业选择和职业发展中的反映，它是主体的我对涉及与自己职业选择和职业发展有关因素的认识，具体包括自身因素、所处的职业环境和社会资源因素。职业自我主要包含生理我、心理我和社会我三个方面的内容。生理我，是指一个人对自己的身体机能、外貌、体能等生理特征的认识。对于生理我，要悦纳、尊重和有意识地开发。心理我，是指一个人对自己的价值观、性格、兴趣、情感、能力等心理征的认识。心理我是职业自我探索的重点内容，它对一个人的职业选择和职业发展都起着至关重要的作用。社会我，是指一个人对自己所处的职业社会环境，以及与自己职业选择和职业发展有关的社会资源的认识。人是社会性动物，借助他人的力量，往往有助于成功实现职业生涯发展目标。

（二）职业技术院校学生自我探索的重要意义

国外的研究者提出，遵循一定的自我探索原则，采用正确、科学的方法，能够促进个体的自我认识。自我探索原则也就是实施操作的准则，主要指全面性原则、适度性原则、客观性原则和发展性原则。

自我探索是"我"要探索，是一种积极的、主动的愿望，有利于增强自信、挖掘潜能、提升自我。自我探索过程是一个不断学习的过程，自我探索重视个性发展，赞同张扬个性，同时强调个人需求与组织需求、社会需求的适配。职业院校学习阶段是人生发展的黄金时代，优越的文化氛围为学生的成才提供了非常有利的条件。在此阶段，职业技术院校学生应该着手为实现职业生涯发展目标而进行相应的准备。

二、自我探索的方法

认识自我的方法是多种多样的，总的来说，我们可以分为经验法和职业测评法两大类。

（一）橱窗分析法

根据"自己知道—不知道"和"别人知道—不知道"两个维度，我们可将职业自我分成四个橱窗，即公开我、隐私我、背脊我和潜在我。

橱窗1：公开我，属于个人展现外在，无所隐藏的部分。

橱窗2：隐私我，属于个人内在、私有、不愿被外人发现的部分。

橱窗3：潜在我，就像地下的矿藏资源不被人知晓，但是却蕴藏着无限潜能有待开发。

橱窗4：背脊我，犹如一个人的背部，自己看不到，别人却看得很清楚。背脊我和潜在我是自我中的盲区。因此，这两个部分是自我探索的重点。自我探索的目的就是减少背脊我和潜在我在职业自我中所占的比例，扩大公开我或隐私我的比例。

（二）经验法

经验法是指在人际交往中或依据过去活动成果由他人或本人对自己主观的分析和评价。

1. 自省法——回顾过去，发现自我。自省法是个体通过对自己的行为及自身的体验对照探索指标进行反省，以达到对自己的行为状态、特征和对体验的理解和探索的方法。自省法是人们经常使用的一种自我探索方法，其核心是探索指标的选择。自省法比较适合于经常性和及时性的探索。对于自省法建议的指标是：按做人、做事、做学问三方面考虑，具体指应因人而异。"以古为镜，可以知兴衰；以人为镜，可以知不足"，是自我探索可以借鉴的两种方法。

（1）自我前后比较——"过去的我""现在的我""未来的我"作探索和展望。人是不断变化、发展、成长的，"今天的我"是以"昨天的我"为基础的，同时又是"明天的我"的基础。其相互联系而又不尽相同，这种关系体现在知识、经验、兴趣、爱好、能力和愿望等各个方面。这是一种纵向比较方式，它把以前某一时段的我作为参照系，对照现今的自我，从中发现其共同点和不同点，从而对自己做出探索。这种方法比较适合学生以学年为单位进行比较。

（2）与他人比较——人为镜。这种方法的要点是"我"把他人在社会、学校及在自己心中的感觉和形象与"我"在自己心中的感觉和形象加以比较，来进行自我探索的方法。与他人进行比较时，要注意挖掘自身的相对优势，即挖掘与他人相比较时自身呈现出来的更高的觉悟、更强的能力、更高的本领、独具的特长和发展潜力。比较法适合较长周期的自我探索。

2．参加班级、社团或其他组织的活动。职业技术院校的学生需要认真概括过去的经验，特别是在班级、社团和其他组织活动中自己的表现和特殊体验。

3．他人评价——找出自我认知的盲点。父母、老师、亲戚、朋友、同学、同事等熟悉你的人以及职业咨询师，是帮助你认识自我的重要资源。由于他们与你的关系不同，所站的位置和扮演的角色不同，因此，总会给你提供不同的信息，尤其是"背脊我"和"潜在我"。当你珍视他人对你的技能和兴趣所给予的反馈和各种信息时，你会建立一个更加完整、客观、接近真实的自我形象。

（三）职业测评法

职业测评是心理测验在职业心理测评上的具体运用。心理测验的基本原理是，通过一个人对问题情境的反应来推论的心理特征，也就是从个体的外在行为模式来推知其内在心理特征。因而，心理测验是间接地而不是直接地测量人的心理特征，因此，结论仅作参考。

（四）5W 法

"5W"法，即归零思考法，共有 5 个问题：Who am I？ What do I want？ What can I do？ What can support me？ What I can be in the end？ 回答这五个问

题，找到它们的最高共同点，就有了自己的职业生涯规划。该方法尤其适合即将毕业的职业技术院校学生。第一个问题"我是谁？"是对自己深刻的反思，应将优点和缺点都列出来。第二个问题"我想干什么？"是对自己职业发展的一个心理趋向的检查。第三个问题"我能干什么？"则是对自己能力与潜力的全面总结，这决定了一个人职业的定位和将来职业发展空间的大小。第四个问题"环境支持或允许我干什么？"环境支持包括主客观两个方面。客观方面包括本地的各种状态，比如经济发展、人事政策、企业制度、职业空间等；主观方面包括同事关系、领导态度、亲戚关系等。两方面的因素应该综合起来看。环境支持是建立在自己的能力之上的。明晰了这四个问题，就会找到对实现有关职业目标有利的和不利的条件，列出不利条件最少的、自己想做而且又能做的职业目标，那么第五个问题"自己最终的职业目标是什么？"自然就有了一个清楚明了的框架。

（五）优势和劣势分析法

一个职业技术院校毕业生的优势包括：主要经历和体验（曾经参与学校活动、获得的荣誉等）、教育背景（自身受教育或培训状况、专业课程、学校活动、担任职务等）、最成功的事件分析，发现自我性格优越的一面，如坚强、果断等。最主要的劣势包括：性格缺陷和以往失败的经验或能力缺陷。在分析过程中，将那些对你的人生选择和长远发展有直接的、重要的、迫切的、长期的影响因素优先排列出来。

拓展阅读：

李强是某技术院校一男生。自入校以来，他就非常希望自己有所收获和作为，并且希望能够向家人要求地那样专升本。因此，所有能做的事情他都做，能参加的活动他都参加。但是到头来，他的学习生活却是紧张无序、事与愿违。他参加了三个社团并担任了职务，还担任学生会的宣传委员，每次举办活动都由他出海报；朋友众多，时常聚会；校外兼职工作，每周值班两个晚上。因此，他根本没有真正属于自己的时间，以至于有不少重要的事情没有时间做。他一直打算参加专升本考试，想早点准备，可一直没能开始。

第二节　我想做什么——职业兴趣探索

目标：

1. 职业兴趣的含义、种类以及与职业的关系。

2. 学习培养良好的职业兴趣、能利用基本的测试工具和探索方法，提高自我认识的能力和客观性，为职业生涯规划奠定良好的基础。

任务：

1. 我想做什么？

2. 职业兴趣探索。

一、兴趣是最好的老师

（一）什么是兴趣

1. 投入感兴趣的活动是人生幸福感的来源。美国芝加哥大学心理学教授米哈利研究发现，当人们专心致志地从事某种活动，甚至忘我地完全沉浸在这种活动中的时候，他们感到最为愉快和满足。在这种状态下，整个人都忘情地投入其中，享受从事这个活动过程本身带来的快乐。人们的满足感、幸福感往往来源于从事某种活动，兴趣就是做自己喜爱的事情，而这也正是工作原本的意义所在。

2. 兴趣与生涯发展的关系。显然，如果我们能从事自己所喜欢的工作，那会更加愉快，更有激情，更能获得满足感。兴趣与能力也有密切的关系。人们愿意在他们感兴趣的事情上投入更多时间，往往得以培养更强的能力，而结果会使人们在从事自己喜欢的事情时得心应手，因此兴趣就会增加，从而形成良性循环。但是，兴趣并不等同于能力，兴趣的程度不代表能力的高低。大量的研究表明，兴趣和工作满意度、职业稳定性和职业成就感之间存在着明显的关联。

当然，并不是所有的兴趣都能在职业中得到满足。兴趣也可以通过兼职、志愿活动、参加社团、业余爱好等来实现。关键在于工作和生活不同角色之间的协调与平衡，以及工作与个人爱好的适度统一。

（二）职业兴趣的培养

职业兴趣不是天生的，它的形成与人们所处的历史条件、实践活动和自身能力有密切关系。影响职业兴趣的因素主要有家庭环境、社会舆论、受教育程度和职业需求。

在培养职业兴趣时，首先要培养广泛的兴趣，重视培养间接兴趣；其次，要有中心兴趣；再次，积极参加职业实践，客观评价自己的能力来确定职业兴趣；最后，要保持稳定的职业兴趣，培养切实的职业兴趣。对于职业教育来说，还需做到以下几个方面：

1. 就业前拓宽职业认知面。在大学学习中要充分利用学校的资源，通过使用图书馆资源、旁听课程、搜索网络、听讲座、打工、参加社团活动、与朋友交流、使用电子邮件和电子论坛等不同方式接触更多的领域、更多的工作类型和更多的专家学者，找寻自己感兴趣的领域。

2. 夯实专业基础。应该逐渐培养自己对本专业的兴趣，学好专业课。要了解一个专业里有很多不同的领域，也许你对专业里的某一个领域会有兴趣；目前，很多专业发展了交叉学科，两个专业的结合往往是新的增长点；多接触、多尝试，也许就会碰到自己真正感兴趣的方向。

3. 培养社会责任心，即所谓"干一行，爱一行"。在就业时，多数人并不能挑选到自己的理想职业。因此，职业技术院校学生必须尽快调整职业期望值，适应就业环境。在不理想的职位上，培养职业兴趣，照样能干出一番理想的事业来。正如美国钢铁大王卡内基告诫的那样，"把没有意思的工作很有意思地去完成"。

4. 结合才能去发展兴趣。才能与兴趣相辅相成，相互促进。在职业技术院校学生初次择业时，应以自己所拥有的才能，即擅长的知识和技能去选择职业。在这种最佳状态下，你的工作才能越做越有兴趣，才能使你成为职业精英。

拓展阅读：

学历太低，职业发展的出路在哪里？

在求职中，学历往往被称为"第一门槛"，无数优秀的人才被卡在门外，而更多有才华、有潜力的求职者，在心仪的工作前绕道而走。但学历能体现什么呢？学历只是起点，接受教育的水平不同而已，并不能代表现在的知识水平，更不能作为工作能力的证明。那么低学历者该如何寻找职业出路？

小英今年27岁，高中毕业以后参加工作，到现在已经工作整整十年，目前在一家广告公司做业务。虽然学历比较低，但小英是个很上进的女孩。十年来，她参加了很多培训，有美容化妆培训、营销课程培训、电脑文秘培训，等等。以前也做过市场推广、美容师、文员等，现在的工作已经做了快一年，虽然收入比以前的高一些，也只是刚刚维持生活。想来想去，小英决定跳槽，但她很迷茫，自己学历这么低，能找什么好工作呢？

就自己目前的情况，小英希望解决三个困惑：一是薪水低，怎样提高薪水；二是想跳槽，不知道往哪个行业跳；三是不知道自己在哪里更适合发展。

职业规划专家认为，要解决这些困惑，就要先找出困惑的原因：学历低，以及缺少职业定位和规划。

职业规划师建议：

针对小英的情况，为了以后的职业发展，小英需要做好以下几步：第一步，找出自己的职业潜力和职业倾向，明白自己适合做什么工作，并选择有助于自己工作成绩进步较快的方向发展。重点是定一个职业目标。第二步，找出自己在目标职业上的优劣势，巩固优势，化解劣势，增强职业竞争力，重点是提升与职业相关的学历。第三，根据实际情况的变化不断修正职业规划。如果对自己的优势、劣势并不清晰，对自己擅长的职业没有思路，可以向专业的职业规划师咨询获得帮助。

综合所述，只要做好了职业规划，并根据职业规划提升自己的学历，相信小英会有一个无限光明的前途。低学历并不可怕，可怕的是丧失职业目标和理想。作为一个年轻人，机遇还有很多，但机遇只会降临到那些有准备的人身上。

第三节　我适合做什么——职业性格探索

目标：

1. 职业性格的含义、种类以及与职业的关系。

2. 学习培养良好的职业性格，能利用基本的测试工具和探索方法，提高

自我认识的能力和客观性，为职业生涯规划奠定良好的基础。

任务：

1. 我适合做什么？
2. 职业性格探索。

人格也称为人格特质，是一个人在生活中对他人、对事、对自己、对外在环境所表现出来的一致性因应方式。每个人在其成长经历中，可能受到生理、遗传、家庭教养、文化、学习经验等因素的交互作用，从而形成自己的独特个性，在不同的情境中表现出特定的气质。

一、MBTI 的基本观点

MBTI 衡量的是个人的性格类型偏好。MBTI 性格理论的四个维度是：

1. 维度 1——个性第一层：外向型——内向型。

个性类型的第一个层面与我们对周围世界的互动有关，解释能量释放到何处。

外倾的人习惯于外界活动，愿意与人打交道，与他人在一起感到振奋，希望能成为注意的焦点；行动在先，喜欢边想边说出声，易于被了解，愿与人共享，反应迅速，喜欢快节奏和广博；需要通过参加外界活动与不同的人打交道来积蓄能量。

内倾者多安静、保守，喜欢独处或习惯一对一的人际交往，避免成为注意的焦点；先思考，再行动，注重个人信息的隐私，只与少数人共享信息，显得矜持，思考后再反应，喜欢慢节奏，较之广博更喜欢精深；只有独处后能量会更足。

2. 维度 2——个性第二层：感觉型—直觉型。

个性类型的第二个层面与我们平时注意的信息有关。感觉和直觉是我们获取的两种方式。

感觉型的人倾向于用五官来获取精确的信息，相信看到、听到的，喜欢具有实际意义的新主意，崇尚现实主义与常识，喜欢运用和琢磨已有的技能，留心特殊的和具体的确定而有形的事物，喜欢细节，循序渐进地给出信息，只相信可以测量能够记录下来的；关注事情的细节和事实，如应用类的工作。

直觉型的人则习惯于通过所谓的第六感来获取信息,喜欢新主意和新概念,只出于自己的意愿,崇尚想象力和新事物,喜欢学习新技能,但掌握之后容易厌倦,留心普遍和有象征性的,使用隐喻和类比,跳跃式地给出信息,着眼于将来,相信字面之外的信息;他们更注重事情的含义、象征意义和潜在意义;更喜欢新的问题和可能性,如理论类的工作。

现实生活中,感觉型和直觉型的人区别也很明显。如果你让一个感觉型的人给你指路,他会说得非常详细,走大约多少米,或者多长时间,在有个什么标志的地方应该怎么转弯,然后再怎么走等;而直觉型的人只会告诉你要朝哪个方向走。感觉型的人认为直觉型的人太富幻想、不切实际,而直觉型的人则会认为感觉型的人太保守、抵触革新。其实,二者在工作中各有所长,可以很好地配合:直觉型的人适于做策划的工作,而感觉型的人适于做执行的工作。

3. 维度3——个性第三层:思维型—情感型

个性类型的第三个层面涉及我们作决定和结论的方式。思考和情感这两个功能是关于人们如何处理、获取信息的。

思维型的人崇尚逻辑、公正和公平,有统一标准,习惯于通过分析数据、权衡事实来做出符合逻辑的、有目的的结论和选择;可能被视为无情、麻木、漠不关心。他们认为诚实比机敏更重,认为合乎逻辑的感情才是正确的,成就欲望较为强烈;通常是直接的、分析性的,用大脑作决定,以事为主进行决策。

情感型的人习惯于通过自己的价值来作决定,他们通常会对信息作出个人的、主观的评价;更坚信自己的价值观,并习惯于用心灵来作决定,以个人为主作决策。

在工作中,情感型的人很看重所做事情的价值是否符合自己的价值观,愿意追求心灵层面的东西;他们更喜欢和谐的工作环境,并乐意为人服务,认为所有感情都是正确的,无论是否有意义,按爱好和感觉作决定,易于理解别人,可能被视为过于感情化、无逻辑、脆弱。思考型的人讲究逻辑性,他们更喜欢分析、解决问题,尤其愿意和概念、数字或者具体事物打交道;找到客观标准和原则是他们的乐趣。

4. 维度4——个性第四层:判断型—知觉型。

个性类型的第四个层面所关注的,是一个人更愿意有条理还是随意地生

活。判断和知觉是关于人们在与外界发生关系的过程中如何作决定的。

判断型的人会通过思考和情感去组织、计划和调控自己的生活，作完决定后感到快乐，具有"工作原则"：先工作再玩（有时间的话），确立目标并按时完成任务；着重过程，通过完成任务获得满足；认为时间资源有限，珍惜时间、重条理性和计划，并能考虑不同的观点；乐于制订和执行计划，乐于追求井井有条的生活，如房间、办公桌都收拾得整齐有序。

知觉型的人倾向于用感觉和直觉的方式去对事物作决定，态度通常是灵活的、开放的；喜欢自发、随意地处理问题，当有新的情况时便改变目标，喜欢适应新环境；着重结果，把时间看成活的无限的资源；痛恨计划，希望所做的事情最好不要有完成期限，注意力常很快就转移，最感兴趣的就是最初解决问题的时候以及创造新思路的阶段。他们喜欢在具有挑战性的问题面前寻找自己的灵感。但是，在此之后，往往会失去兴趣，缺少一种完成任务的自制力。在工作中，知觉型的人可能会接受太多的任务却难以完成，但往往能够很灵活、善于抓住机会。对他们来说，面对新的环境或情境去适应和理解它远比管理它要来得有趣。而判断型的人常拘泥于计划和秩序，如果计划被打乱会非常烦躁。在他们眼中，有系统的工作和秩序是最重要的。

二、现代气质学说

（一）气质类型与特点

现代气质学说将气质分为多血质、黏液质、胆汁质和抑郁质四种类型。每一种气质类型及其特点如下：

多血质：这种人情感丰富，外露但不稳定，思维敏捷但不求甚解，活泼好动，热情大方，善于交往，但交情浅薄，行动快，适应力强；他们的弱点是缺乏耐心和毅力，稳定性差，见异思迁。

黏液质：这种人情绪平稳、表情平淡，思维灵活性略差但考虑问题细致而周到，安静稳重、踏踏实实、沉默寡言、喜欢沉思、自制力强、耐受力高、内刚外柔、交往适度、交情深厚；但这种人的行为主动性较差、缺乏生气、行动迟缓。

胆汁质：这种人情绪体验强烈、爆发迅猛，平息快速、思维灵活但粗枝大叶；精力旺盛、争强好斗、勇敢果断，为人热情直率、朴实真诚、表里如

一、行动敏捷、生气勃勃；但这种人遇事常欠思量，鲁莽冒失，易感情用事，刚愎自用。

抑郁质：这种人情绪体验深刻、细腻持久，情绪抑郁、多愁善感、思维敏锐、想象丰富、不善交际、孤僻离群，忠实稳重、自制力强；但他们的行为举止缓慢、软弱胆小。

（二）气质类型与职业选择

气质是人们的个性中最稳定的因素，在选择职业时，一定要注意自己的气质类型。特别是在一些特殊职业中，例如政府机要人员、公关人员、飞行员等，气质类型是决定录用的重要标准之一。尽管气质没有好坏之分，但气质却能影响一个人的工作效率。特别是在一些需要经受高度身心紧张考验的职业中，气质不仅关系到工作的效率，还关系到事业的成败。

多血质的人感受性低而耐受性高，不随意的反应性强，具有较大的可塑性和外倾性。他们反应迅速而灵活，工作能力较强，情绪丰富易兴奋，并且表现明显。他们极易适应环境，但注意力不稳定，兴趣易转移。他们不适宜从事单调机械的工作和要求细致的工作，而管理、导游、外交、公安、军官等职业更适合于他们。

黏液质的人具有较强的自我克制能力，能埋头苦干、态度持重、不易分心，由于灵活性相对较差，他们可能有因循守旧的倾向。适宜的工作有会计、法官、调解人员、管理人员、外科医生等。

胆汁质的人精力旺盛，易激动暴躁，神经活动具有很高的兴奋性。他们能以极大的热情去工作，主动克服工作中的困难；但如果对工作失去信心，情绪就会马上低沉下来。

抑郁质的人感受性高而耐受性低，不随意，反应性低，严重内倾，情绪兴奋性高，而且体验深刻，反应速度慢，相对刻板而不灵活。他们情感细腻，做事谨慎小心，观察力敏锐，善于觉察别人不易察觉的细小事物，但工作的耐受性差，容易感到疲劳，并且容易产生惊慌失措的情绪。他们所适宜承担的工作与胆汁质的人正好相反，诸如打字员、校对员、检查员、化验员、数据登记人员、文字排版人员、机要秘书等工作适合他们。

通常，要求做出迅速、灵活反应的工作，多血汁的人则往往难以适应；相反，要求细腻的工作，黏液质、抑郁质的人较为合适，而多血质、胆汁质的人却不是最佳人选。

拓展阅读：

某公司招聘业务人员，其中一位应征者资历显赫，公司领导产生了"小庙容不了大佛"的顾虑，因此对他不抱太大的希望。面谈时，公司人员很诚恳地告诉他，依据公司规定，无法给他太高的薪水。原以为他会就此打住，不必浪费彼此的时间，没想到他竟然愿意接受不到他原来薪水一半的待遇，这让公司有点意外。正式上班后，他也没有体现出来自大企业的骄傲，每天准时上班，工作认真负责，勤跑客户，不久他的业绩就远远超乎大家原本的预期。于是在最短的时间内，公司破格让他晋升，而且给他大幅度加薪。自此，他也更加卖力，为公司创造了更好的业绩。

了解之后才知道：原来他在前一家公司已当上了主管，工作相当顺利，薪水也十分满意，原以为可以衣食无忧，没想到公司投资失败，老板不知去向，让他们哭诉无门。其间，尽管他到多家企业应聘，都因为薪水无法与自己所要求的相符而怨天尤人，总以为自己是怀才不遇。但在经历了一段时间的挫折与沉淀之后，他调整了心态，选择了重新开始。

第四节　我能做什么——职业能力探索

目标：

1. 职业能力的含义、种类以及与职业的关系。

2. 学习培养良好的职业技能，能利用基本的测试工具和探索方法，提高自我认识的能力和客观性，为职业生涯规划奠定良好的基础。

任务：

1. 我能做什么？

2. 职业能力探索。

一、能力

案例故事：

一只乌鸦坐在树上，整天无所事事。一只兔子看见乌鸦，就问："我能像你一样，整天坐在那里，什么事也不干吗？"乌鸦答道："当然啦，为什么不呢?"于是,兔子便坐在树下,开始休息。突然,一只狐狸出现了。

启示

要想坐在那里什么也不干,你必须坐(做)得非常高。工作和职位是建立在能力基础上的,而不能只有兴趣。不考虑自己的能力,只凭一厢情愿,是无法获得理想的工作的。

(一)什么是能力

能力就是指顺利完成某一活动所必需的心理条件,是直接影响活动效率,并使活动顺利完成的个性心理特征。能力总是和人完成一定的活动联系在一起的。人的能力是在活动中形成、发展和表现出来的。能力按照其获得的方式(先天具有与后天培养),可以分为"能力倾向"和"技能"两大类。能力倾向是指上天赋予每个人的特殊才能,如音乐、运动能力等,是与生俱来的,不过也有可能因未被开发而荒废。因此,这是一种潜能。

能力和兴趣是两个截然不同、相互独立的概念,兴趣表明你喜欢某事,表达了你的偏好,而能力表明能做某事,即你胜任与否。

与能力相关的还有一个重要概念,就是自我效能感。所谓自我效能感是指个人对自己的能力,以及运用该能力将得到何种结果所持的信心或把握程度。研究发现,在实际生活和工作中,对个人行为起决定作用的往往不是实际能力的高低,而是个人的自我效能感。

(二)能力结构

能力是由多种心理品质所构成的系统,具有复杂的结构。心理学家对人类能力的结构提出了许多假设,其中影响比较大的是美国哈佛大学教授加德纳1983年提出的多元智能理论。加德纳提出,人类至少有七种不同的智能:言语—语言智力、逻辑—数理智力、视觉—空间智力、音乐—节奏智力、身体—动觉智力、交往—交流智力和自省智力。这七种智力在个人的智力结构中处于同等重要的地位,每个人都同时拥有这七种智力,但它们在每个人身上以不同的方式、不同的程度组合,从而使得每个人的智力各具特点。

"天生我材必有用。"如果一个人能将自己独特的天赋充分发挥出来,那么,每个人都可以是出色的。能力探索,就是发现自我的智能优势,找到自己的能力结构。人与人之间在能力上存在着明显的个体差异,比如智力差异等。因此,职业规划必须基于个体的能力,方可扬长避短。

二、技能

（一）什么是技能

技能是指经过后天学习和练习培养而形成的能力，如阅读能力、人际交往能力等。在个人成长的过程中，我们每个人都已经学会了无数的技能。

在现实生活中，个人的能力水平往往是能力倾向和技能两方面的结果。比如，郭晶晶取得奥运会跳水比赛的冠军，这既得益于其先天良好的个人身体素质，也离不开后天勤奋刻苦的技能训练。事实上，像人际交往能力、沟通能力等，主要依赖于后天练习。许多人际交往技能不佳的人，往往是由于其青少年时期家庭教育不当等原因造成的。"勤能补拙"，先天的不足可以通过后天的努力得到弥补。就拿我国优秀乒乓球运动员邓亚萍来说，虽然她的先天条件并不好，但通过刻苦训练还是取得了惊人的成就。

（二）技能的分类

技能分为三种类型：知识技能、自我管理技能、可迁移技能。通常人们比较关注的是知识技能，但实际上后两种技能更为重要。它们使我们有可能不局限于自己所学的专业，可以在更广的范围内选择职业；它们对于我们在竞争中胜出具有关键性的作用，并且使我们得以更长久地发展；而雇主们对它们的重视程度也更高。

1. 知识技能。知识技能是指那些需要通过教育或者培训才能获得的特别的知识或能力，即个体所学习的科目、所懂得的知识。知识技能一般用名词来表示，知识技能不可迁移，必须经过有意识的、专门的培训才能掌握，常与专业学习或工作内容直接相关。事实上，除了学校课程，课外培训、专业会议、讲座、研讨会、自学、资格认证考试等方式都可以帮助个人获得知识技能。

2. 自我管理技能。良好的自我管理技能能够帮助个体更好地适应周围的环境、应对工作中出现的问题，也被称为"适应性技能"。一个人是如何使用自己的专业知识、以什么样的态度从事工作的，这比工作内容本身更为重要。人们被解雇或离职，更多的时候是因为缺乏自我管理技能。比如，由于个性上的原因易与他人发生摩擦等。在用人单位对刚毕业职业技术院校学生的反馈意见中，"缺少敬业精神，没有服务意识，眼高手低，不认真不踏实，没有主动进取精神"等，都是与自我管理技能相关的。自我管理技能需要练习。它们可以从非工作（生活）领域迁移转换到工作领域。也就是说，耐心、负责、热情、敏捷这些技能并不是通过专门的课程学习到的，而是在日常生活中培养的。

3. 可迁移技能。可迁移技能也被称为"通用技能"，是指在各种活动中获得的技能，具有可迁移性、普遍性和实用性。可迁移技能从生活中，特别是工作之外得到发展，却可以迁移应用于工作之中。知识技能的运用都是在可迁移技能基础之上的。

无论学生打算从事什么工作，有四种关键技能对他们的未来成功至关重要。这四种技能是：交流技能、数字技能、使用信息的技能和学会如何学习的技能。所有职业技术院校学生都应该充分发展这些技能，可以通过课堂学习、自学、课外活动或工作体验等获得。

三、影响能力发展的因素

首先，遗传因素是能力发展的自然基础，决定着能力发展的可能性。每个人从遗传基因中获得的潜在能力不同，但这种潜能开发到何种程度取决于环境。心理学研究证明，早期环境对能力的形成和发展具有重要影响。

其次，学校教育对能力的形成和发展起着重要的影响作用，决定着能力发展的现实性。学生通过系统地接受课程教育，能力也不断得到发展。

再次，实践活动也是一个重要的影响因素。人的各种能力是在社会实践活动中最终形成和发展起来的。个人直接经验的积累在人的能力发展中有着不可替代的重要作用。

最后，优良的个性品质对能力的形成和发展具有重要的意义。勤奋、谦虚和坚强的毅力等都有助于能力的形成和发展。比如，有些人虽然天资聪慧，但由于缺乏勤奋，最终事业无成；有些人虽然天生智力并不优越，但通过勤学苦练，也会取得事业的成功。

另外，能力的发展与工作满意度有关。当工作环境能够满足个人的需求时，个人会感到"内在满意"；而当个人能够满足工作的要求时，个人能够达到"外在满意"。当个人能够同时达到内在和外在满意时，个人与环境之间的关系就比较协调，个人的工作满意度会比较高，在该工作领域也能持久发展。

当一个人的能力和工作的要求相匹配时，最容易发挥自己的潜能，并且

获得一种满足的感觉。相反，当一个人去做自己力所不及的工作时，就会感到焦虑，甚至产生挫败感。而当一个人能力超出工作要求太多时，又容易感到工作缺乏挑战性，比较乏味。因此，在选择职业时，我们同样要寻求个人能力与职业人能力、职业技能要求的适配。

拓展阅读：

某人在屋檐下躲雨，看见观音正撑伞走过。这人说："观音菩萨，普度一下众生吧，带我一段如何？"观音说："我在雨里，你在檐下，而檐下无雨，你不需要我度。"这人立刻跳出檐下，站在雨中："现在我也在雨中了，该度我了吧？"观音说："你在雨中，我也在雨中，我不被淋，因为有伞；你被雨淋，因为无伞。所以不是我度自己，而是伞度我。你要想度，不必找我，请自找伞去！"说完便走了。第二天，这人遇到了难事，便去寺庙里求观音。走进庙里，才发现观音像前也有一个人在拜，那个人长得和观音一模一样，丝毫不差。这人问："你是观音吗？"那人答道："我正是观音。"这人又问："那你为何还拜自己？"观音笑道："我也遇到了难事，但我知道，求人不如求己。"

第五节　我的职业锚——职业价值观探索

目标：

1. 职业价值观的含义、种类以及与职业的关系。

2. 学习培养职业价值观，能利用基本的测试工具和探索方法，提高自我认识的能力和客观性，为职业生涯规划奠定良好的基础。

任务：

1. 我的职业锚。

2. 职业价值观探索。

施恩认为，职业锚主要有五大类型：技术能力型职业锚、管理能力型职业锚、安全型职业铺、自主型职业锚和创造型职业锚。探索职业锚，核心就是探索职业价值观。

一、什么是价值观

价值观就是我们在生活和工作中看重的原则、标准或品质。它指向我们一生中最重要的东西，是一套自我激励机制。价值观因人而异，具有相对稳定和持久性，在特定的环境下是可以改变的。

心理学家弗洛伊德认为，人类行为的动机，都在于追求快乐、逃离痛苦。人的一生想要追求的感觉称为追求型价值观，而不愿意触碰或不愿意拥有的感觉称为逃避型价值观。追求型价值观包括爱、关怀、快乐、有趣、幸福、舒适、安全感、自由、尊重、和谐、成功、健康、挑战或刺激、创造性、智慧、贡献、影响力、幽默、诚实、信任、自信心、成就感、受欢迎、责任感等。逃避型价值观包括孤独、无聊、沮丧、压力、忧虑、生气或愤怒、挫折、失败、被拒绝、可怜、恐惧、不安、不确定、束缚、自私、嫉妒、不被信任、被欺骗、无知愚笨、无能、绝望、懦弱、优柔寡断、拖延等。对于大学生来说，重要的不是去评判这些价值的对错，而是去考察它们带给自己的生活和职业发展的影响，并适时做出调整。同时也需要认识到，很少有工作能够完全满足一个人所有的重要价值观。因此，择业时要学会做出妥协和放弃。

只有对自己的价值观进行澄清和排序，才能知道如何取舍。回答这些问题的过程，就是价值澄清。价值澄清有助于个人从整体出发，更好地为自己的全面发展做出考虑和选择。当你依照符合自己健康发展要求的真实价值观行动时，会感觉到极大的满足。

二、价值观的激励作用

马斯洛提出，人有五个层次的需求：生理需求、安全需求、归属需求、尊重需求和自我实现的需求。只有当低层次的需求得到基本满足后，个人才能关注并致力于满足下一层次的需求。这些需求是强大的内在驱动力，它们在我们的生活中反映出来，就体现为我们的价值观。比如：有些人比较重视工作能带给自己多少收入，而另一些人，可能更多地考虑要做自己喜欢的工作。这两者的不同是因为其所处的需求层次不同，前者在"生理"和"安全"需要的层次上，而后者则是追求对"归属""尊重""自我实现"的需要。价值观在人们的生涯发展中往往起到极其重要的、决定性的作用，甚至可能超过兴趣和性格对个人的影响。

三、价值观探索活动

（一）价值观市场

操作步骤：

1. 参照上述价值观的种类，请写出五种对你来说最重要的价值观。

2. 给你写出的每一条价值下定义，要达到什么样的水平，你才能满意？请写出你的理解。

3. 如果你不得不放弃其中的一条，你会放弃哪一条？

4. 现在，如果你不得不继续放弃剩下四条中的一条，你会放弃哪一条？直到最后，这是否是你无论如何也不愿意放弃的？

5. 我的五种重要价值观及其定义（按重要程度排序）？

6. 讨论：通过这个活动，你对自己的价值观有什么样的了解和想法？你的价值观会对你的职业选择和人生产生什么样的影响？他人的价值观会对你的生活造成什么样的影响？

（二）职业锚的自我评价

为了帮助个人确定自己的职业锚，请回答以下问题：

1. 你在中学时期主要对哪些领域比较感兴趣（如果有的话）？为什么对这些领域感兴趣？你对这些领域的感受是怎样的？

2. 你现在主要对哪些领域比较感兴趣？为什么会对这些领域感兴趣？你对这些领域的感受是怎样的？

3. 你毕业之后想所从事的第一种工作是什么（如果相关的话，服役也算在其中）？你期望从这种工作中得到些什么？

4. 当你开始自己的职业生涯的时候，你的抱负或长期目标是什么？这种抱负或长期目标是否曾经出现过变化？如果有，那么是在什么时候？为什么会变化？

5. 想象一下，你第一次换工作或换公司的情况是怎样的？你指望下一个工作能给你带来什么？

6. 你后来换工作、换公司或换职业的情况是怎样的？你怎么会做出变动决定的？你所追求的是什么？

（三）澄清自我价值观的练习

1. 请完成下面 12 个句子，答案将帮助你澄清价值观，让你看清什么是你生活中最重要的。注意：回答时，不需要考虑任何的客观因素（有利或不利因素）。

（1）列出 5 件你最爱做的事：_____。

（2）在这个世界中，你想要改变哪一件事？你想改变你居住的城市中的哪一件事？关于你自己有哪件事想改变？_____。

（3）如果你还有三个月的生命，你特别想学会的是：_____。

（4）如果你有无限的财富，你根本就不必工作。_____。

（5）我听过、读过最好的观念是：_____。

（6）我最关心的事是：_____。

（7）我幻想最多的事是：_____。

（8）我的父母最希望我能：_____。

（9）我生命中最大的喜悦是：_____。

（10）我是怎样的人：_____。

（11）熟知我的人认为我是：_____。

（12）从上面的回答中，能反映出你最重要的哪些价值观（比如，教育、独立、自由、健康、家庭、声望、财富等）：_____。

2. 下面的 16 个题目，根据每个题目对你的重要程度排序。

（1）一个令人快乐、满意的工作

（2）高收入的工作

（3）美满的婚姻

（4）认识新人，社会事件

（5）参加社区活动

（6）自己的政治信仰

（7）锻炼，参加体育运动

（8）智力开发

（9）具有挑战机会的职业

（10）好车、衣服、房子

（11）与家人共度好时光

（12）有几个亲密朋友

（13）自愿到非营利性组织工作

（14）深思、安静地思考问题

（15）健康、平衡的饮食

（16）教育读物、自我提高计划等

3. 从前面描述价值观的词汇中，各选出五种并按重要程度依次排序。

我的追求型价值观：＿＿＿＿＿＿＿＿＿＿＿＿＿＿＿＿＿＿＿＿。

我的逃避型价值观：＿＿＿＿＿＿＿＿＿＿＿＿＿＿＿＿＿＿＿＿。

拓展阅读：

大学毕业后，奥巴马没有像其他同学那样忙着寻找高薪工作或者进入法学院继续深造，却为了得到一份黑人社区的组织工作四处投简历。也许人们都不相信一个哥伦比亚大学毕业的优等生会心甘情愿地从事如此基层的一份社区工作，他投的简历没有收到一份回复。无奈之下，为了偿还学生贷款，奥巴马在纽约华尔街找了份工作，成了标准的商界精英。但奥巴马清楚，这并不是他想要的生活，他说："有时候，我看到电梯门反射出自己西装革履、手提公文包的样子，我很不喜欢这样的自己，我更希望自己是为了社区活动而忙碌，而不是为了能多挣些钱在奔波。"

1985 年夏天，为了实现自己的梦想，奥巴马在芝加哥谋得了一份黑人社区工作，年薪只有区区 1.3 万美元。这个工资水平在当时的美国属于"穷人行"，而他在这个职位上一待就是 3 年。

在这 3 年时间里，他做的是改善社区的道路、照明、房屋修缮、劳资关系协调等具体而微小的事。一次会议上，大批同事集体辞职，因为觉得太累。奥巴马对大家说："我们来这里并不是需要一份薪水，而是想改进这里的社区服务。我只知道，和你们一起工作，我们一定可以改变现状。"奥巴马的话鼓励了大家，大家都答应留下来继续想办法。奥巴马到现在都认为，几年社区服务工作是他"曾受到的最好训练"，他后来还把这段时间定性为一种"寻根"式的精神觉醒。

奥巴马获得学士学位后，就职于华尔街咨询公司，虽然有很体面的工作机会和优厚的薪水，可他最终毅然地选择了放弃。美国人民有理由相信，一个能够放弃高薪为社区服务多年的法学博士，极有可能成为可靠的领导者。

行动：

活动一：你愿意与什么样的人共事？

请列出你愿意与之共事的人的特质，在小组进行讨论，看看大家最重视的都有哪些？

请思考：我是符合大家所描述的理想同事吗？我的个性特征是否会影响到我的发展？

2. 班级、社团或其他活动——参与活动，亲身体验。职业技术院校学生需要认真概括过去的经验，特别是在班级、社团和其他活动时，自己的一贯表现和特殊体验。

3. 他人评价——旁观者清，指出自我认知盲点。父母、老师、亲戚、朋友、同学、同事等熟悉你的人以及职业咨询师，是帮助你认识自我的重要资源。由于他们与你的关系不同，所站的位置和扮演的角色不同，因此，总会给你提供不同的信息，尤其是"背脊我"和"潜在我"。当你珍视他人对你的技能和兴趣所给予的反馈和各种信息时，你会不断建立起一个更加完整、客观、接近真实的自我形象。

活动二：他人眼中的我。

如果让家长、老师、同学、朋友用三到五个词来形容你，他们会说什么？你可以通过面谈、打电话、发短信或电子邮件等多种方式来完成这个练习。请询问至少 10 个以上的人。

评估：自我探索

1. 撰写自传。

（1）非结构性自传：完成 20 个"我是怎样的人"的句子。先写出 20 句"我是怎样的人"，要求尽量选择一些能反映个人风格的语句，然后进行归类：

①身体状况（体貌特征，如年龄、身高、体形、是否健康等）。

②情绪状况（常持有的情绪情感，如乐观开朗、振奋人心、烦恼沮丧等）。

③才智状况（智能情况如聪明灵活、迟钝、能干等）。

④社会关系状况（与他人的关系、如何和别人应对、对他人常持有的态度、原则，如乐于助人的、爱交朋友的、坦诚的、孤独的等）。

⑤其他。

最后，探索你的自我陈述是积极的还是消极的。在你列出的每句话的后面加上正号（＋）或负号（－）。正号表示"这句话表达了你对自己肯定满意的态度"，负号的意义则相反。如果正号的数量大于负号的，说明你的自我接纳状况良好；如相反，负号近半甚至过半，这显示你不能很好地接纳自己，你的自尊程度较低，这时需要内省，寻找问题的根源，比如是否过低地评价了自己，是什么原因使你成为这样的。

（2）结构性自传：

①个人资料。从最近的工作经历开始按逆时间顺序写工作经验。把所有工作（不只是全职）的起止时间、公司名称、责任、职务、成就、上司的名字都写进去。

②教育。列出你在中学和大学上过的所有课程，包括时间、地点。你最喜欢的课程是什么，你最喜欢的老师是谁，为什么喜欢这位老师，你从中获得的能力、采用的技能和获得的成就。

③业余和休闲活动。你感到最自豪的是什么？你最喜欢读什么书？为什么？

④父母和重要的其他人。他们的职业是什么？你感兴趣吗？为什么？你的父母希望你做什么？他们怎样与你交流？谁是你生命中最重要的人？

⑤童年兴趣。那时你最主要的兴趣是什么？你仍然有兴趣吗？为什么？

⑥生活角色。列出几个你在生活中扮演过的角色。哪种角色你最喜欢或认为最有价值？角色带给你怎样的满足感或不满？你在扮演各种角色时用到哪些技能？

⑦自我评估。写下过去完成的七项成就、能力或技能（包括例证）、重要的价值及其含义；五种你感兴趣的职业及其体现的价值，你在这些职业中分别可以使用的价值。

2. 撰写成就故事。

请写下生活中令你有成就感的具体事件，然后分析一下，看你在哪些方面拥有哪些技能，尤其是可迁移技能。下两条标准，就可以被视为"成就"：你喜欢做这件事时体验到的感受；为完成它所带来的结果感到自豪。在撰写成就故事时，每个故事都应包括以下要素：（1）你想达到的目标，即需要完成的事；（2）你面临障碍或困难时的具体行动；（3）你的具体行动步骤，即你是如何克服障碍、达到目标的；（4）对结果的描述，即你取得了什么成就，最好能够量化探索（用某种数据说明）。至少撰写出七个故事（越多越好），分析讨论其中你使用了哪些技能。最后找出重复出现的技能，它们就是你喜爱和擅长的技能。

第三章　职业认知与职业选择

第一节　职业的分类与变化

目标：

职业与人的一生密切相关，选择职业就是选择未来和人生。希望有一个理想的职业，能充分发挥自己的才能，成就一番事业，是我们职业学院学生所期盼的人生大事。因此，认识社会职业、掌握职业基础知识是职业生涯发展与成功的基础条件。

任务：

本节通过了解职业的基本知识及职业的发展趋势，帮助职业院校学生正确选择职业，并在职业道路上不断发展自己。通过节内容的学习，希望你能了解：

1. 职业及分类、发展。
2. 职业发展对职业院校学生择业的影响。

案例故事：

会计电算化专业毕业后，小雨进入一家私人企业工作。公司除了小雨，清一色的男性，于是公司所有行政文书方面的工作都落到了小雨的肩上，小雨笑侃自己是公司上上下下的"保姆"。实习半年后，荒废了专业不说，小雨更害怕如此下去，就成专职秘书了。小雨希望能在自己的专业上取得成功，她正在犹豫是否要跳槽，于是找到了职业指导老师寻求帮助。

案例分析

在和小雨的沟通下，职业指导老师了解到，小雨不想成为"专职秘书"，想在会计工作方面发挥特长，但是公司却把她一直摞在一堆公文里。可见，导致小雨想跳槽的原因，就是小雨意在专业领域发展，而公司却没有给小雨职业发展的机会。职业指导老师认为，如果小雨的公司不能给予她职业发展的空间，跳槽是必然的选择。比如小雨，学的是会计专业，也想要从事这方面的工作，公司却安排她从事行政方面的工作，让小雨迫不得已放下专业，开始陌生的工作，对于小雨来说，就是丧失职业的主动性，没有做到人职匹配。职业指导老师对小雨的情况进行了分析：小雨的职业方向非常明确，即会计相关工作，十分不愿意做"秘书""保姆"；专科毕业，有会计电算化从业资格证，有职业竞争力；小雨性格偏内向，职业以技术为主，管理为次。通过"职业倾向性"的测评，结果显示，小雨细致耐心，事业心很强，要求上进，属于勤奋实干型人才，但是性格中还是以内向为主。通过"职业满意度"的测评，结果显示，小雨对公司的用人制度颇有不满。而对其他方面，包括公司以及行业的发展状况、人际关系等都基本满意。综上所述，职业指导老师认为小雨应该跳槽，寻找真正发挥其职业含量的职业。职业指导老师建议小雨在跳槽时，可以专门应聘会计岗位，这样既符合了小雨的职业性格，又能让小雨在专业上得到发展。后续发展：一个月后，小雨已经成为一家生产型企业的会计，虽然半年没涉及专业方面的东西了，但是重新回到职业道路的喜悦，让小雨加倍努力，工作很快就上手了，小雨说，虽然浪费了半年时间搞行政文书，但是也积累了该方面的工作经验，这在今后的工作中也会间接用到，并不为此遗憾。而弥足珍贵的是，偏离方向的小船又驶回航道，小雨可以全身心地投入职业中去了。

职业一词的意思是"生命的呼唤"。正如大哲学家罗素所言"选择职业，就是选择将来的自己"。职业，是青年学子们面对的一个色彩斑斓的、极为广泛的世界，是即将进入的领域。技工院校学生若要合理进行职业生涯规划，成功选择职业，掌握职业的基础知识是必不可少的。

一、职业的概念与特点

（一）职业的含义

职业是指人们为了谋生和发展而从事的具有相对稳定、有合法经济收入和特定类别的社会劳动。这种社会劳动综合表现了职业人的生活方式、经济状况、教育程度、行为模式、道德情操，也反映了职业人的权利、义务和职责。

首先，职业是社会分工的必然产物。每一种职业都是一种社会分工，这种分工与人类的需求和职业结构相关。其次，职业是人们谋生的手段。个人通过职业实现个人和家庭生存的需要。"民以食为天"，解决好就业问题，是个人安身立命之本，是人的最根本的需要，同时使人的精神生活得到满足。第三，职业具有专门的知识和技能。每一种职业都需要专门的知识和技能、特定的职业道德品质，只有具备了特定的要求，才能胜任所对应的职业。例如，从事数控机床加工，要有机械制图、机械原理等方面的知识，具备数控编程与数控机床操作的技能和一丝不苟、精益求精的工作态度。随着科学技术的进步，职业的专业性和技术性要求会越来越高。第四，职业是人们为社会创造财富，并获得合法收入。职业是劳动者获得社会角色，为社会承担了一定的义务和责任，同时获得相应的报酬。

总而言之，职业是社会分工的必然产物。职业参与社会分工，利用专门的知识和技能，为社会创造物质财富和精神财富，获取合理报酬，作为物质生活来源，并满足精神需求的工作。

（二）职业的特点

职业是个人和社会联系的焦点，是个人参与社会分工与协作的立足点，因此职业具有以下特点：

1. 社会性。社会性是指每种职业都是劳动者进行的、为社会所需要的社会生产劳动。职业的基本内涵就是劳动。农民种地、工人生产、科学家进行科学实验、医生给病人治病、教师教书育人都是劳动，均属于不同的职业。

2. 专业性。专业性是指每种职业都有自身的专业要求和专业特点。就像俗话所说：隔行如隔山。职业工作是依靠专门的职业知识和职业技能进行的，特点不同，自身的要求不一样，使得职业都具有自身的发展规律和特殊程序，形成职业的专业性特点。

3. 连续性。连续性是指劳动者从事某种社会工作的相对稳定性。社会分工是一种客观存在，是社会维系生存并得以发展的基础，社会越进步，社会分工会越细。这种分工要求劳动者相对稳定，这样才能不断积累经验，不断丰富各个职业门类的知识，同时，各种职业本身才有可能不断发展。某种职业的专业化程度越高，越是要求稳定。

4. 经济性。经济性是指劳动者从事某项职业是有偿的，即要凭借自己的工作取得经济收入。劳动者在从事某种职业时，一方面为社会创造财富，另一方面也得到相应的劳动报酬。

5. 时代性。时代性是指职业随着时代的变化而变化。社会生产力的发展是职业发展的基础，社会需求是职业发展的直接动力，在社会生产力发展迅速，社会需求加大的推动下，新的职业会不断产生；而社会不再需求时，过时的职业就会消亡。

二、职业的分类

社会分工是职业分类的依据。在分工体系的每一个环节上，劳动对象、劳动工具以及劳动的支出形式都各有特殊性，这种特殊性决定了各种职业之间的区别。据国际职业分类词典介绍，现代社会职业分类有一万多种。如此众多的职业岗位，是在社会分工和劳动分工的基础上划分的。社会分工是指由于生产发展需要而引起的国民经济各部门之间的分工，也包括各部门内部的分工。劳动分工则是在科学分解生产过程的基础上所实现的劳动专业化，使许多劳动者从事着不同的但又相互联系的工作。

（一）职业分类的形象描述

我们对职业分类做一个形象性的描述：

1. 曙光职业。如心理咨询师、职业生涯辅导师……

2. 朝阳职业。如人力资源经理、市场营销经理……

3. 如日中天的职业。如 π 界的编程人员……

4. 夕阳职业。如公交车售票员……

5. 黄昏职业。如送煤工、淘粪工……

6. 流星职业。如传呼台的传呼小姐，曾经有很多人做这项工作，这个职业现在基本上不存在了。

7. 恒星职业。自从人类有文明记载以来，几乎是几千年一直存在。

8. 昨夜星辰职业。现在已经没有了。

那么，职业技术院校学生在选择职业时，就应该尽量选择朝阳职业、如日中天的职业。如果你选择了一个曙光职业，则需要更大的勇气，因为你可能是这个职业的一个开拓者。而黄昏职业、夕阳职业尽量不要选择。

（二）我国的职业分类

我国的职业分类结构包括四个层次，即大类、中类、小类和细类，依次体现由大到小的职业类别。细类作为我国职业分类结构中最基本的类别，即职业。1999 年劳动和社会保障部组织制订了《中华人民共和国职业分类大典》。该大典将我国社会职业归为 8 个大类，66 个中类，413 个小类，1838 个细类（职业）。

八个大类分别是：

第一大类：国家机关、党群组织、企业、事业单位负责人。其中包括 5 个中类，16 个小类，25 个细类。

第二大类：专业技术人员。其中包括 14 个中类，115 个小类，379 个细类。

第三大类：办事人员和有关人员。其中包括 4 个中类，12 个小类，45 个细类。

第四大类：商业、服务业人员。其中包括 8 个中类，43 个小类，147 个细类。

第五大类：农、林、牧、渔、水利业生产人员。其中包括 6 个中类，30 个小类，121 个细类。

第六大类：生产、运输设备操作人员及有关人员。其中包括 27 个中类，195 个小类，1119 个细类。

第七大类：军人。其中包括 1 个中类，1 个小类，1 个细类。

第八大类：不便分类的其他从业人员。其中包括 1 个中类，1 个小类，1 个细类。

2005 年 12 月，在保持《中华人民共和国职业分类大典》总框架不变的原则下，重点对信息产业、现代服务业和制造业领域的新职业进行增补，共 77 个职业。国家将根据经济发展需求不断对《中华人民共和国职业分类大典》进行修订与更新。

职业的产生和发展是同生产力的发展相一致的，是随着生产力水平的提高和社会分工的发展而产生和发展的。

职业是社会劳动分工发展的必然产物，社会分工是职业划分的基础。在人类社会发展的历史长河中，职业并非一成不变，而是在多种因素作用下不断变化与发展的。社会生产力的发展引起的社会分工的变化，决定和制约着职业的发展和变化，社会经济是直接制约和影响职业变化的重要因素。社会政治制度、宗教、文化、经济发展等诸多因素都会带来许多职业的兴衰。

三、职业的变化

专家对我国科学技术的发展进行了分析和预测，随着我国经济、社会文化和科学技术的发展，我国的产业结构将发生根本性的变化。未来 10 年有较大的发展潜力的行业和急需的人才主要有：电子技术、生物工程、航天技术、海洋开发与利用、新能源、新材料、信息技术、机电一体化、农业科技、环境保护技术、生物工程研究与开发、工商与国际经贸、律师等方面的人才。

（一）职业的发展趋势

由于科学技术的快速发展和经济的持续增长，社会分工越来越细，专业化程度不断提高，新的职业种类迅速增加。跨入 21 世纪，社会分工和职业分化的势头进一步加快，出现如下几种趋势。

1. 社会分工的发展在加速，新职业种类不断涌现。

在农业社会里，社会分工发展极为缓慢，一种新职业的产生要经历相当长的时期，所以，在农业社会里，职业的种类较少，而且某种职业一旦形成，就会在很长一段时间内比较稳定。进入工业社会后，随着社会生产力的快速发展，社会分工的发展速度也在加快，新职业种类逐年增加。到了当代，新社会分工的发展速度更快，新职业种类不断涌现。目前职业已远远超过"三百六十行"，据有关资料介绍，大约在 20 世纪 70 年代，世界职业种类就超过42000 种，目前则更多。

职业种类的增多还要归功于现代科学技术的新发展，社会经济发展，一些边缘科学的开发，社会服务的变化，社会政治体制及管理的变化。

2. 第三产业不断发展。

随着改革开放的不断深入，我国第一、二产业发展的内外部环境发生了深刻的变化，使得第一、二产业得到空前的发展，由此引起和促进了第三产业的发展。由于第三产业与第一、二产业有着相互作用、相互影响的关系，

人们也越来越重视第三产业对第一、二产业的促进作用。目前发达国家从事第三产业的人员平均占到就业人员总数的65%，而我国仅占24%，所以大力发展第三产业，已成为我国产业结构调整的一个重要方面。第三产业的发展，又将会为社会提供更多的空缺职位，为求职者提供更多的就业机会。

服务性行业是随着经济发展而得到发展的一个行业，经济越发达，服务性行业就越兴旺。而且世界经济飞速向前发展，这必将带动服务性行业的发展，而服务性行业是劳动密集型行业，它的发展必将带动我国4.05亿（2011年数据）农村劳动力的就业。

3. 体力劳动脑力化及专门职业化的趋势。

世界上没有绝对的脑力劳动或体力劳动职业，只是人们常把以体力付出为主的职业称为体力劳动职业，把付出脑力劳动为主的职业称为脑力劳动职业而已。由于社会劳动的不断机械化、自动化，劳动的体力消耗越来越少，脑力劳动的消耗相对增加，出现了体力劳动脑力化的趋势。

现代科技的发展带来了许多新技术、新产品和新工艺，这些新技术、新工艺的研究开发应用，必然导致部分职业的新旧更替。比如：电子计算机的发展，使得诸如电报发报、电话接线等传统职业走入末路，但随之而来的电子通信网络服务、计算机制造、调试、维修、设计、培训等新职业应运而生。因此科技发展使职业发展越呈现出这样的特点，即脑力劳动职业发展速度越来越快，体力劳动职业将越来越少。

专门职业化是指专门职业种类和就业人数的不断增加。体力劳动脑力化及专门职业化既有区别又有联系。当前，职业资格证书在许多国家进一步受到重视，这与体力劳动脑力化和专门职业化的发展趋势直接相关。

4. 同一职业或职位对任职者的要求不断变化。

随着社会主义市场经济的建立和不断完善，社会人才观及人才模式也发生了巨大变化，社会对未来人才知识的综合性结构提出了更高的要求。要求求职者不仅能够成为领域具有专业知识和技能的专门化职员，而且能够突破专业限制，成为掌握多种知识和技能的高素质复合型人才，更应当具有良好修养，成为对社会和单位负责的合格公民。

现在的企业要想保持竞争力并占有市场，必须不断改进产品，提供更全面周到的服务。在时间就是效益，创造就是价值的时代，企业只喜欢那些灵活能干、有创意、会解决新问题等对企业有价值的脑力劳动者。据有关资料显示，1996 年美国脑力劳动者占就业总数的 43.3%，1997 年上升到 51.4%。在我国，脑力劳动者和专业技术人员的比重也在不断增大，并且据 1997 年到 2003 年 17 个经济合作与发展组织国家的统计，人均受教育程度多一年，相当于增长到 6 个百分点的 GDP。在德国、意大利和匈牙利这些人的收入增加 20% 至 40%。这说明职业教育能明显提高个人收入。21 世纪劳动力市场需要的不再是只懂得遵守纪律的生产线工人，而是有专业技能同时还要具备创造力和创新思维，掌握信息和通信技术，有较强的交流与沟通等工作能力的技术人员。

据专家预测，今后每十年将发生一次全面的"职业大革命"，其中，重大变化每两年就会有一次。把握 21 世纪职业变革的趋势，成功地开拓自己未来的职业生涯，是 21 世纪人们必须关注的一个现实的话题。今天，全球化趋势、信息化趋势已席卷全球。职业院校学生应树立全球化、信息化的职业观念，拓宽自己的工作视野。

（二）职业发展对职业院校学生择业的影响

当代职业的迅速发展，对技工院校学生就业产生了多方面的影响。技工院校学生在求职择业和进行就业准备时，要认真研究职业发展的趋势。

1. 新职业种类的大量出现，扩大了技工院校学生的择业范围。从职业分类的角度看，适宜于毕业生从事职业主要是专门职业，所以在择业中就不能不考虑"专业对口"，但由于职业发展加快，新职业种类不断增加，所谓与专业"对口"的职业种类当然也相应增多。这就要求技工院校学生在择业时应当解放思想，开阔视野，跳出以往传统职业种类的狭小范围。

2. 职业的发展导致同一职业或职位对就业者的要求不断提高。如律师资格证书、会计资格证书等职业资格证书制度的逐渐推行，学历文凭和职业资格证书并重制度的实行等。对于某些职业来说，仅有学历文凭还不具备就业资格，这就要求技工院校学生必须重视实践技能的培养，并通过有关的职业资格鉴定，获得职业资格证书。

3. 职业的发展和国家劳动人事制度的改革，为人才的合理流动创造了条件。技工院校学生毕业后的首次就业并不意味着选择了终身不变的职业，随着各种条件的变化，已就业的学生也可能面临第二次、第三次择业，所以职业院校学生就业时应从发展的角度看待自己的初次就业。

拓展阅读：

职业、职位、工作的区别

从定义上就能看出三者之间的区别：

职业是指从业人员为获取主要生活来源而从事的社会性工作类别。

职位，即通常所说的岗位。是在一定的时间内，由一名员工承担若干项任务，并具有一定的职务、责任和权限时就构成一个岗位。

工作的概念是劳动生产，主要是指劳动。劳动生产是可以创造价值；而劳动可以创造价值，也可以不创造价值，如无用功。

通常通过工作体现职位的价值，通过工作去培养自己的职业能力，然后再围绕自己的职业去选择工作，提升职位。

第二节 职业选择

目标

职业选择是我们一生面临的重大选择之一，决定了我们未来事业发展的方向和我们在这个社会上的地位。俗话说："男怕入错行，女怕嫁错郎。"错误的职业选择会对你的职业生涯造成不利影响，甚至会妨碍你事业成功。错误的职业选择会使你付出巨大的时间和机会成本代价。因此，学生要树立正确的择业观，以适应充满竞争的就业市场和现实的就业形势。

任务

通过本节的学习，希望你能够做到：

1. 树立科学的就业观，积极适应就业市场，立足基层就业。
2. 正确认识和评价自我，接受客观现实，调整就业期望值。
3. 提高心理承受能力，树立自主创业和终身学习的观念。

案例故事：

适合自己的才是最好的

钱某是某职业学院化学专业毕业生。母亲认为女孩子适合做财务工作，便通过亲朋好友把她介绍到一家经济效益比较好的企业做出纳。但是，她从来没有学习过出纳业务和有关财务工作的基本常识。结果，她的工作一塌糊涂，受到公司领导的严肃批评。公司进行业务考核时，钱某的业绩倒数第一。上班不久，她就被辞退了。

后来，父亲又帮她在一家公司找了一份文秘工作。对于文秘工作知识，钱某同样一无所知。没几天，她就不干了。于是，她决定自己到人才市场找工作。

一次，她从人才市场了解到某家居材料公司的招聘信息，并得知这家企业正在举办展销会，便去参加。只见展台上摆放着各种涂料，旁边站着一位漂亮的女销售员。这时，来了一位50多岁的中年妇女，向女销售员询问一种涂料的特性，女销售员讲解不清。这时，钱某主动向中年人介绍了这种涂料的特性。听完钱某的介绍之后，中年人当场买下了这种涂料。待中年人买完涂料后，一位经理走到钱某面前热情地问："请问您怎么对涂料这么内行？"钱某说："我是学化工专业的，所以对涂料略知一二。""你愿意到我们家居材料进出口公司工作吗？"钱某很高兴地接受了邀请，第二天，就到家居材料进出口公司上班了。她干得非常出色，如鱼得水，没过多久，便被公司提拔为销售主管。

启示：

在校学生的择业观正处于形成和完善阶段，通过本章的学习，能够帮助学生认识到理性择业观的内涵和培养途径，把握自身择业观的形成规律，从而形成理性的择业目标，科学地认识社会各种职业；在建立合理知识结构，提高自身综合素质的基础上，积极参与社会竞争，在任何职业领域里爱岗敬业，勤奋刻苦，踏实做好自己的本职工作。

一、择业观的含义及构成

（一）择业与择业观

所谓择业，就是择业者根据自己的职业理想和能力，从社会上各种职业中选择其中的一种作为自己从事的职业过程。任何已具备劳动能力的人，都要进入社会职业领域选择特定的职业。在职业选择过程中，择业者不仅要考虑到个人的需要、兴趣、能力等因素，还要考虑社会发展的需要。

择业观是择业主体对选择某种社会职业的认识、评价、态度、方法和心理倾向等，它既是择业者职业理想的直接体现，也是择业者世界观、人生观、价值观的最直接表达。择业观属于择业过程的心理层面，社会的需要程度、职位的地位、经济收入、地理环境、单位性质、工作条件等都是择业者选择职业时要考虑的因素。恩格斯说："在社会历史领域内进行活动的，全是具有意识的、经过思考或凭激情进行的、追求某种目的的人；任何事情的发生都不是没有自觉的意图，没有预期的目的的。"这就是说，人们的社会行为都是受思想观念直接支配、引导的。择业者的择业行为主要是受择业观支配的。面临职业选择的人都有其特定的择业观。正如世界上没有叶片形状、色彩完全相同的树叶一样，社会中也不存在择业观完全相同的人。总之，择业观是人们在择业过程中最根本的观点；择业观受世界观的制约，是人们的内心世界在择业过程中的折射与反映；择业观受人生价值观的支配；择业观具有时代性、主体性、选择性、区域性与层次性等特征。

（二）职业院校学生择业观的构成

大学生择业观主要包括择业理想目标、择业心理动机、择业认识状况、择业价值取向、择业实现途径等方面。在这些方面中，择业动机是择业观的基础和核心部分，其他方面都决定于择业动机。大学生的择业动机不同，就会有大相径庭的择业理想目标，从而产生不同的择业认知，不同的择业认知，对自我选择职业这种劳动就业方式也会有不同的评价，又会形成截然相反的择业途径。择业观就是以择业动机为核心，与其他四个要素相互作用、相互影响形成的有机整体，它们共同对大学生的择业行为产生指导作用。

1. 择业理想目标。择业理想目标指大学生在一定的世界观、价值观的指导下，对自己将来选择职业做出的想象和设计，是大学生面对纷繁复杂的社会职业而为自己所设定的理想的奋斗目标。社会发展使社会分工愈加精细，出现了数以百计的职业类型。可以说，人一生下来就面对着一个庞大的职业群。由于生产力发展的有限性，人们还不具备共产主义社会中那种能在各个职业领域发展自己的条件，还必须选择一个相对固定的职业领域。不同职业，其地域、性质、知名度、经济地位、社会地位、工作安定程度、劳动强度、工作环境、接受教育的机会、与自己特长的关系、提供的社会化服务的多少等存在着很大差别，每一个择业的大学生，都会在权衡各种条件（包括社会需要、个人追求、个人素质、工作条件和收入待遇等）的基础上，形成明确的择业理想目标。

2. 择业心理动机。大学生的择业总是从一定的动机出发，并指向一定的目的。择业动机是驱动大学生进行职业选择的内在动力。动机是由需要决定的，并表现着人的需要。当某种事物能满足人的利益和需要时，对人来说就是有意义的，否则就没有任何意义，可见，大学生择业的目的、意义、观念都是奠定在大学生需要的基础上的。大学生的需要有物质的与精神的、个体的与社会的、低层次的与高层次的。择业动机产生于职业需要，由于大学生职业需要是多方面的，包括生活福利动机、事业成就动机、社会地位动机、社会交往动机、安全动机、贡献动机等，大学生的择业心理动机是复杂多样的。

3. 择业认知状况。择业认知状况指的是大学生在选择职业的过程中，对自己、对职业，对社会与择业有关事物的认识、了解以及选择职业过程中的推理与决策。一般来讲，大学生的择业认知状况包括三方面：一是大学生在择业过程中，以科学的认知方法和手段，客观全面地认识自己，尤其是对自己的职业兴趣、气质、性格、择业能力方面，要有清楚的了解、准确地把握和客观的自我评价。二是大学生对职业的了解，特别是职业的地位、性质和各种职业规范性的理解，要对职业做出客观公正评价。三是大学生要克服年龄和阅历的局限，对社会进行全面了解和实际体验，对社会的复杂情况和影响择业的社会因素如就业形势、就业环境、就业政策要有充分认识。大学生的择业认知对选择职业有着重要的影响，不同的择业认知会产生不同的择业观。

4. 择业价值取向。价值取向是指主体对价值追求、评价、选择的一种倾向性态度，也就是以什么态度对待社会价值和自我价值，并做出选择和追求。大学生的择业价值取向包括价值目标、地域选择、行业选择、岗位选择、工作条件选择等因素。调查表明，对这些因素取向不同的大学生择业主体，呈现出不同的选择顺序排列，这种排列可看出大学生择业价值取向的变化。例如，据调查，北京地区和非北京地区高校的毕业生在职业理想所包含的内容中有四项差异较明显，按差异大小排序依次为：职务、就业地区、权力和收入；其中北京地区学校毕业生倾向于偏重职务和权力因素，而非北京地区学校的毕业生则更偏重于就业地区和收入因素。

5. 择业实现途径。当职业目标确定以后，怎样达到这一目标，就成为大

学生择业者最关心的问题。随着求职途径和手段的多样化，大学生的求职态度也发生相应的变化，有的充分发挥自身的有利因素，积极主动地推销自己；有的则畏畏缩缩，盲目被动；有的以诚实的态度对待用人单位，客观地介绍自己；有的自吹自擂，拼命往脸上贴金；有的结合自身实力，以正当的途径达到理想的彼岸；有的则拉关系走后门，搞不正之风。大学生不同的择业途径反映出其各自不同的择业观。

二、学生择业观的作用

随着大学生的专业学习和社会实践过程，其世界观、人生观、价值观的逐步确立和深入，择业观也日渐稳定、丰满。此时，他们不单纯希望从事某一职业，更重要的在于明确了选择某一职业的价值和社会意义，形成了自己特有的择业动机，并从这种动机出发选择职业。同时在自我与职业目标之间架起了桥梁，找到了职业选择的基本途径，这标志着大学生择业观的全面性与深刻性。择业观的日渐成熟，对大学生的择业活动起着重大的指导作用。

（一）对大学生择业目标的指导作用

大学生的择业行为总要指向一定的职业目标。考察大学生的择业过程可以看到，不同的大学生个体，其职业选择目标是不相同的。择业目标的确定，受制于众多的主客观原因，而择业观的指导作用占有重要地位。从其功能看，它除了具有唤起行为，维持这种行为达到目标的作用外，还有引导主体向着某一方向行动的作用。择业观中的择业动机和职业定向直接影响着大学生职业目标选择。只有在正确的择业观指导下，大学生才能根据社会发展对人才的需要及自身的理想、特长，确立既有利于社会，又有利于个人的择业目标。

（二）对大学生建立知识结构和培养能力的导向作用

现代社会对大学生知识结构和综合素质能力提出了新的更高的要求。面临时代的严峻挑战和压力，大学生建立合理知识结构、提高综合素质，不论是对求职择业，还是对在校学习乃至将来的成才、发展等都是至关重要的。只有知识结构、能力结构合理，才能更好地发挥个人的作用。因此，大学生应该在入学时就逐步确定今后的择业和就业方向，自觉地把大学学习同今后的择业就业紧密联系起来，建立合理的知识结构，培养和提高创业与实践能力，以适应将来所从事职业岗位的需要。

（三）对大学生择业认知的过滤作用

择业观使大学生个体的择业行为带有一定的选择性和指向性，这种选择性和指向性体现在人们对不同职业的认知与对不同职业种类的筛选活动中。它既是判断职业的性质，确定个人在职业活动中的责任、态度及行为方向的"定向器"，又是选择职业行为方式并进行制动的"调节器"，当人们注意和感知到某一职业信息的发生，然后才能在有关职业信息的基础上进行判断和选择。而这个注意和知觉感知的过程，无论如何也摆脱不了择业观的影响。根据现代认知心理学的研究，知觉有赖于两种不同形式的信息来源，即来自环境的信息和来自知觉者自身的信息，即为了确定一刺激所包含的意义，人们需要把环境和已有的知识经验结合起来。而择业观是大学生知识经验中的重要组成部分，正是择业观的存在，使大学生只选择那些看起来对自己有价值的职业信息。

（四）对大学生择业行为的动力作用

择业并不是悠然自得的休闲活动，要达到理想的选择目标，需要付出艰苦的劳动，甚至要经历种种曲折。在当前自主择业、双向选择的情况下，大学生要以自己的努力大胆地去"推销自己"：要写求职信，到处发函联系；参加人才招聘会，向招聘人员推销自己，恳求用人单位能够录用自己；进入众多的企事业单位的人事管理部门联系工作。这其中的艰辛是自不待言的，他们之所以能够克服各种难以想象的困难，为谋得一份自己舒心的工作而努力奔走，就在于他们有明确的择业观，是择业观提供给他们源源不断的行为动力。心理学认为，动机就是推动人去从事某种活动的力量，是个体行为的直接原因和内部刺激，它能唤起、激励、维持和推动个体活动达到特定的目的。择业观中的择业动机越强，就越能使择业者以饱满的热情去追求理想的职业目标；相反，择业观中的择业动机微弱，它对择业行为产生的内驱力的能量就小，并且一遇到障碍后，择业动机强度会更低，若行为连续受挫，就可能取消特定的择业行为尝试。

（五）对大学生择业道德的规范作用

大学生谁都希望找到一个理想的职业和工作单位，面对着倏然而逝的求职机遇，面对着纷至沓来的竞争对手，面对着复杂多变的市场经济环境，大学生正确的择业观将对其择业行为、求职道德起着规范和约束作用。当代大学生在择业过程中遇到的道德规范问题，一是来自大学生自身，二是来自用人单位的虚假信息和误导。大学生择业观对择业道德的规范作用主要表现在两个方面：一是约束着大学生的择业行为，保障择业工作的有序进行。二是调节择业活动中的各种社会关系，维护社会的稳定。择业观在潜移默化中规范着择业道德。

（六）对大学生职业适应的促进作用

对于每个大学生而言，职业一经选定，就等于向社会迈进了关键性的第一步，而作为一个刚刚跨出校门的大学毕业生，往往很难一下子适应社会，还有一个对环境、工作性质从不适应到基本适应的渐进过程，即"职业适应"过程。择业观会直接影响到将来职业适应、职业成就以及职业的稳定和变迁。工作单位的现实和大学生思想有差距，只要择业观正确，就可以坚定大学生调整不适应的心态。正确的择业观能促使大学生在复杂多变的社会环境中尽快转换角色，并激励他们在任何职业领域爱岗敬业、勤奋刻苦、踏实工作。强烈的事业心和责任感，是大学生正确择业观在实际工作中直接的反映，是对当代大学生的基本素质要求，它要求大学毕业生上岗后，与单位同甘共苦、荣辱与共。

三、树立正确的择业观

随着人事制度的改革和人才供求关系的变化，就业成了一个敏感的社会性问题。大学生的就业工作是一项系统工程，是关系到构建和谐社会，促进经济社会健康发展和人的全面发展的重要课题。每个大学生都面临就业的现实，而且就业的形势又十分复杂。因此树立正确的择业观对拓宽奋斗领域、实现自我价值、促进社会发展具有积极意义。什么才是正确的择业观呢？正确的择业观应当是系统的、积极的、快乐的、高尚的、有效的择业观；应当是摈弃一个职业定终身的"铁饭碗"的传统择业观；摈弃消极等待的就业观；树立自主创业和终身学习的就业观；树立爱岗敬业的择业观；树立可持续发展的就业观。大学生就业难除了就业压力有增无减的客观因素外，学生的择业观也是造成其就业难的原因之一。不少大学生存在错误的择业思潮或者不良的择业观，比如择业心理准备不足，影响成功就业；过分依赖家庭，没有主见，完全寄托父母亲戚和朋友的帮助，放弃自我的努力；一味追求工作的稳定性；眼高手低有业不就；过分看中专业对口；择业片面；不能正确评估自我；期望值过高；盲目择业；缺乏长远职业规划；诚信意识明显缺乏，导致诚信危机，等等。这些不良的择业观使得大学生学不得用，白白浪费掉自己的青春年华。作为即将步入社会的大学生，我们到底如何树立正确的择业观呢？

首先，要充分地了解当前的就业形势，我们的择业和创业应该适应时代的需求。既要追求自己的职业理想，更要符合社会的实际需求。因此充分了解和把握我们当前的就业形势是理想就业、奋发创业的重要条件。

其次，要找准自己的社会角色，确定好自己的社会位置。大学生在择业前应该对自己有一个正确的认识和评价，能够根据自己身体、兴趣、气质、个性及能力等方面因素把自己放在最合适的位置上，既不过高地估计自己，也不妄自菲薄，能够准确地找准自己的社会角色，确定好自己的社会位置，有利于自身价值的实现。

第三，转变就业观念，放低自己，重视中小企业的就业机会。大学生转变就业观念是社会的需要，也是我国小康社会发展的要求。大学生是企业发展壮大的一支重要的人力资源，大学生如果能够转变就业观念，重视中小企业的就业机会，将能够调整人才资源的合理配置，促进社会的全面发展，减少地区间发展的不平衡性，从而提高我国的综合国力。因此，大学生选择一些中小企业就业既可以缓解社会就业压力，又可以使自己的知识和技能得以施展，使个人价值能够得到充分的实现。

第四，树立先就业后择业的职业观念。破一步到位、从一而终的旧的就业观。随着我国各项改革向纵深推进，各行各业之间、各行业及各个企事业单位内部等都会引入竞争机制。竞争必然优胜劣汰，从而职业变更不可避免。现代社会为人们提供了独立发展的空间，市场优化配置资源的方式是合理流动，市场经济配置人力资源的特征是人才流动。资金、商品要流动，人力资源也同样要流动。社会不再有从一而终的职业。人事代理制度的不断完善为毕业生的流动就业创造了条件，毕业生要学会在流动中求生存、求发展。不必急于在短时间内找一个固定的"铁饭碗"，要树立不断进取的职业流动观念，并学会在流动中发现机会、抓住机会、把握机会。

第五，树立自主创业和终身学习的可持续发展观。传统就业观念是从社会提供的各种职业中选择一个适合自己的职业。随着我国政治、经济、文化和高等教育制度的不断改革，自主创业将是一个必然趋势。作为一个现代大学生，不仅要有多次择业的心理准备，而且要树立自主创业的观念。自主创业就是大学生改变就业观念，利用自己的知识、才能和技术以自筹资金、技术入股、寻求合作等方式创立新的就业岗位，并依法获得劳动报酬的就业方式。相对于社会其他劳动力，大学生已具备相应的知识，有着自身的素质和优势，表现为思想道德素质、科学文化素质、身体素质、性格与心理品质素质等，这些素质和优势，有利于大学生的创造性的发挥，有利于大学生个性的展现。选择适合自主创业的途径，选择一个更好的实现自己的人生价值的途径。

第六，提高综合素质。注重诚信，培养良好的职业道德。大学生不仅要注重能力培养，更要树立正确的思想观念，加强综合素质和道德诚信的培育。实际上一个能力很强的学生，只是具备了自主择业的基础和前提，只有当他们具有正确的思想观念、积极向上的态度、具有展示自己能力和素质的信心，才能成为自主择业、双向选择的人才市场上的成功者。

总之，面对当前的就业形势。我们要刻苦学习专业文化知识，为以后的就业打下坚实的基础。广泛的涉猎知识拓展自己的知识面。积极参加各种活动，培养认真积极的工作态度，为以后的工作提前积累各种经验，为以后的升职或者跨专业就业奠定基本。培养一种勇于创新的办事理念，以便适应社会的高速发展。敢于推销自己，为自己争取更多的机会。我们在考虑就业时，要树立务实、奉献的正确择业观，将个人前途与国家命运结合起来，去实现自我、奉献社会。

拓展阅读：

职业选择的影响因素

大学生职业选择受到多种隐性因素和显性因素的影响，这些因素基本上可归纳为主体因素和客体因素两大类。

（一）主体因素

主体因素是主体内部产生的、与自我意识密切关联的影响因素，包括个性、能力、价值取向等，它们往往是左右大学生职业选择的主要因素。

1. 个性

性格、气质是个性当中的稳定因素，性格如何、气质怎样，对大学生的职业选择乃至职业成功发挥着持续作用。美国心理学教授约翰·霍兰和助手创立了人格类型与职业类型的学说，他认为每个职业的人都可以按下列六种个性进行描述：①现实型：这种人手巧、有劳动兴趣，喜欢花时间干一些机械的事情。他们喜欢并且善于完成更具体的任务。一般搞农业和机械业的人这种特征较为显著。②调研型：此种人以科学家为代表，具有爱思考和精确性的特点；对于抽象事物能耐心处理，但不喜欢社交和领导活动。③艺术型：以艺术家和音乐家为代表，具有创造、不顺从和表现自我的特征；通常不喜欢例行的工作和重复的任务。④社会型：以教师和辅导员为代表，喜欢人际倾向的活动，通常以服务为主，外向，并喜欢了解人；但是不大喜欢严禁的组织和机械操作。⑤企业型：以销售者和管理者为代表，喜欢以社交能力来操纵人们，以达到经济的收获。⑥常规型：以会议和簿记业者为代表，喜欢从事资料型工作，不喜欢含糊不清的活动。以内向型大学生为例，他们一般不会选择需要较多自我表现、自我强调的职业，如推销员、演说员、律师、记者这类职业。即使选择了这类职业，也会感到极不适应，由此造成的障碍会影响到他们的职业成功，而图书管理、理论研究、微机操作等职业对它们有较强的吸引力，因为这类职业较少与人交往，需要高度的细心和耐心，需要在安静和孤独中完成工作。

兴趣是最好的老师，兴趣在大学生职业选择过程中发挥着重要作用。社会学研究表明，自主选择与自己兴趣、爱好、能力相符的职业的劳动者，其劳动生产率比不符合要求的劳动者要高40%。另据资料表明，如果一个人对某一工作有兴趣，就能较长时间保持高效率而不感到疲劳；而对工作缺乏兴趣的人，只能发挥其全部才能的20%至30%，也容易筋疲力尽。大学生之所以在职业中取得突出成就，或者拥有专业优势而无工作业绩，一个重要原因就是职业兴趣问题。兴趣产生的内在驱力形成不断进取的工作精神，在不自觉中会推动他们排除种种困难。兴趣爱好也会发生变化，但一旦确定，就会为职业选择提供有向驱力，为职业成功奠定前提。

2. 能力

能力是指完成一定活动的本领，包括完成一定活动的具体方式以及所必需的心理特征。能力常与知识相提并论，任何一种职业的完成都需要能力和知识的参与和配合。能力属于动态系统，知识属于经验系统，掌握知识必须

以一定的能力为前提，知识的掌握又要求相应能力的提高。

大学生能够跨入大学校门，这一事实已证明他们具备了一般能力，即在基本活动中表现出的能力，如观察能力、反应能力、抽象概括能力等。同时，大学生经过多年的基础学习和专业学习，也具有了特殊能力，即在专门活动中要求的能力，如写作能力、数学能力等。无论是一般能力，还是特殊能力，他们都对大学生的职业选择提供了参照系和定位器。在专业选择中，能力因素起到了参考作用，写作能力差的人一般不会选择新闻、文学专业，而语言能力差的人一般不会选择英语、教育专业；在职业选择中，能力因素则起到了定位器作用，不善驾驭文字的大学生是不会首先考虑文职工作的，而具备了初步的理论研究能力，并获得实际成绩的大学生很可能在所学专业上继续深造，以求获得能力的最大限度发挥。

以自身能力强弱作为职业选择考虑因素，是当今大学生中的普遍存在的现象。尽管他们会出现能力的错误估计，但进行选择时仍是把能力作为一个方面来权衡的。低能力大学生有意识地选择高能力型职业或高能力大学生有意识地俯就低能力型职业，都是现实存在的。这两种选择或是造成了职业不适应感，或是造成了人才资源的浪费，除非选择者有充分自信或职业具有足够诱惑力，大学生还是应当尽量在自己能力允许的职业群中寻找合适方位，这样职业成功的可能性才会大大增强。

3. 价值取向

价值取向是一个人意识系统的核心部分，而且在根本上制约着主体因素的其他方方面面。它是隐藏极深的稳定因素，不易被观察和感觉到，但这丝毫不妨碍价值取向因素成为影响大学生职业定向与选择的本原因素。

价值取向是价值观的具体化和方向化，价值观是一个人对各类事物的一般性态度，这种态度表现出比较明确而单一的趋向和情感，便成为价值取向。随着价值观的基本定型，大学生的价值取向也基本定型。具体到职业认识领域，大学生对某种价值的追求与排斥，对某类事物的偏好与厌恶，对某种情感的向往与躲避便成为价值取向中与职业最密切的部分。一个大学生可以为了维持生计而工作，为了避免生活空虚而工作，或者为了实现自己的梦想而工作。在大学生看来，一种工作可能具有多种意义，这些意义直接作用于职业定向与选择。

排除现实职业，仅仅考察职业追求，这种追求无不是大学生价值取向的表现，或者说对某种价值的追求。一类职业必然体现为一定的价值，必然为一定的价值所支撑。从价值角度而言，如果职业现象底下的价值支撑荡然无存，那么这类职业就丧失了存在的意义。与其说大学生追求物质实惠型的职业，不如说这是对现实生存的关注、对经济利益的渴望，而这也恰恰成为大学生对工人、农民等低收入职业群产生强烈排斥态度的价值取向原因。一部分大学生之所以对精神实现型职业有强烈向往，并不是因为他们对现实生存和物质实现采取漠视甚至否定态度，只是因为他们价值取向结构中精神需求和精神实现超过了物质需求和物质实现，仅仅在于价值观结构中的精神性因素在职业选择中占据了优势地位。

以上是从大学生主体这一角度谈了价值取向对职业定向与选择的影响。其实，大学的价值取向、职业社会的价值取向和家长的价值取向都参与了大学生职业定向与选择的构建过程，只不过它们都已融入大学生主体的价值观系统，成为其价值观系统的一部分。

（二）客体因素

客体因素是指职业选择中环境因素的总和，也包括职业本身因素。如果说主体因素起着基础性作用，那么客体因素则发挥了制约和平衡的牵制作用。

1. 社会评价

大学生身处象牙塔，却不是生活在真实状态。职业社会对各类职业所持的倾向性态度总会通过传媒、习惯、舆论等各种渠道渗透到大学生职业评价心理中，成为大学生社会化认识的重要一面。尽管我们经常会听到关于"职业分工不同，职业没有高低贵贱"之类的强调，但是，在现实社会中，人们实际普遍地存在着职业高低贵贱之分的认识，这种认识即是职业的社会评价。职业的社会评价受到社会心理的强有力制约。一般来说，有什么样的社会心理，就有什么样的社会评价，尤其是在传统心理仍然根深蒂固的当代社会，职业的社会评价往往体现出浓厚的传统色彩和保守色彩。这一点越是在不发达地区，便越是明显。个体工商户虽腰缠万贯，但其社会评价一直不高，这一现象与古代流行的轻商观念有密切联系，而恰恰是轻商意识成为大学生进入个体者行列的主要心理障碍。

职业的社会评价又是一动态发展过程。20 世纪 50 年代，社会公众对农民职业表现出极大兴趣，60 年代社会兴趣转移到工人身上，70 年代以军人为职业向往，改革开放后的 80 年代，行政干部、金融职员成为热门职业，90 年代随着市场经济的建立与发育，下海成为许多人义无反顾的职业目标。某种职业被青睐，之所以会如此迅速地演变，正是各个时代的具体内容决定的。

职业的社会评价对大学生职业选择的影响是潜移默化的，它已经进入了大学生的社会认知领域，成为不自觉地考虑因素，尤其是他们对某种职业缺乏深入了解与切身感受时，社会评价作用会格外突出。大学生的社会评价内容也会发生变迁，观念的更新、思想的冲击、价值取向的调整都会改变其原有的内容，以致重新排列、组合理想职业的序列。不过，不管怎样变迁，社会评价对大学生职业选择的影响是始终存在的，问题仅在于影响的大小。

2. 经济利益

经济利益在当今大学生职业选择中扮演着愈加重要的角色。发展中的商品经济必然导致金钱意识的抬升，这是一个好事，又不仅是一个好事，这中间存在着极大的转换性和可能性。说它是好事，是因为职业必须具有物质激励才能保持长久的吸引力，否则将无法获得选择者的青睐。说它不仅是一个好事，是因为金钱意识如果一味膨胀，必然损害许多职业的本色，职业将不再是"职业"，而蜕化成获取经济利益的工具。有人曾说，在当代中国社会，金钱扮演着上帝的角色。此言放在一部分人身上可以，倘若及之于全体（包括大学生）则不免过激。但是，金钱意识的迅速扩散和增强却是任何人都不可否认的事实。

从历史上来看，以上现象是对传统职业选择意识的强烈反弹。计划经济下的职业选择坚决排斥经济因素的介入，不同职业的经济收入几乎是同一的，大学生毕业后的工资由国家统一规定，各种职业的收入差异相当小，小到在职业选择中完全不被考虑的程度。随着经济结构的改革，经济收入在不同职业之间的差距开始迅速扩大，以致扩大到某些职业收入让人无法接受、引起社会不满的程度，加上灰色收入的大量存在，引起了社会心理的失衡，愈演愈烈的金钱上帝角色正是这种失衡心态所导演的一幕幕活剧。

对于刚刚走出象牙塔、尚未迈入职业社会的大学毕业生来说，经济因素不可能被演绎得淋漓尽致。他们只能在其能力范围内追求经济收入，获得经济收入。但是，如果大学生付出的劳动不能以合理的经济报酬加以实现，那么这就会促使其重新选择职业，并且将经济利益放到其考虑因素中更加重要的位置。大学生不是超凡脱俗的圣人，不是精神至上的怪物，经济杠杆在当代大学生职业选择中发挥着举足轻重的作用。

3. 家庭

家庭在人生大事上会留下深刻痕迹，其中，大学生职业选择就融合了家长意志。职业选择的前奏是专业选择，许多家长对子女的专业选择并不是耳提面命式的命令，父母影响更多地通过家庭环境的熏陶，逐渐融入大学生的心理结构。出身农民家庭的大学生，对父母脸朝黄土背朝天的农作生活有着强烈感受，从父母的言谈举止和谆谆教诲中，作为子女的大学生就会拒绝选择父母从事的职业。艺术家庭出身的大学生，在长期的家庭成员接触中，很可能继承父母的职业价值观，从而走上父母的职业道路。但是，当子女与家长在职业目标上发生冲突，或者子女极力摆脱家长的意志的时候，两者的矛盾就会产生。父母们有一个天然的倾向，即把对子女的爱同对子女的控制乃至干涉简单地等同起来，父母对子女常说的一句话是：我这样做是为了你好。"这样做"是父母对子女的控制措施，"为了你好"是父母对子女的爱的表达，通过这么简简单单的一句话，父母控制子女就会获得合法形式和情感支持。

大学毕业后，大学生又面临着具体职业的选择。这时家庭作用又会凸现出来。不过，此时它的影响力已远不如昔，因为大学生专业知识已较为丰富，职业意识也更加明晰，心理正在日渐成熟，相应地对家庭的心理依赖也就大为减弱。但是，家庭作为大学生的后盾力量，对职业选择发挥的影响不会根本上丧失，尤其当子女在职业选择道路上犹豫不决并寻求帮助时，父母意志的作用又会放大，对子女的职业选择产生重要影响。有些大学生完全按照自己的意愿选择了某种职业，有些大学生则被引入父母正在从事或者希望子女从事的职业。在后者的情况下，子女大学生是被看作父母希望的延伸，或者家庭的代表，他们的使命是实现父母的理想。这种职业选择的效果不能一概而论，不过，这也在无形中隐藏了一种危险，即如果职业实践不如人意，那么子女很可能会将这种结果归咎于父母，让父母来承担职业实践不理想的责任。

职业选择对于每一个大学生的一生都具有十分重要的意义。尽管大学生的职业选择受到了多重因素的影响乃至干扰，但是大学生经过多年学习，必须从第一个职业选择开始。经过现实职业尝试后，他们发现了适合自己特征以及与自己能力相适应的职业，或坚持首选职业，或做出职业修正，直至寻找到合适职业。也就是在这一过程中，大学生的职业意识完全现实化，职业能力与职业要求、职业现实与职业理想才能获得平衡。

行动：

案例：小齐在大学就读国际贸易专业，毕业后理所当然地应该寻找专业对口的工作。但是小齐英语并不好。虽然在大学期间，他也想过毕业后不找本专业的工作，但就业形势和找工作的现实不得不让小齐妥协。最后，他找了一家很小的外贸公司做外贸业务员。

在一年多的外贸职业生涯里，小齐不但在业绩上毫无起色，性格也从开始的乐观变得消沉、烦躁。由于做业务压力大，晚上也开始失眠。总之，工作是痛苦的。小齐在工作中想得最多的就是跳槽，换行业。

根据以上案例，大家讨论一下，帮助小齐解决他的烦恼。

评估：

学完了本章内容，现在请你通过下面的练习检查一下自己，看看是否掌握了本章内容的要点：

简述职业发展的趋势及对技工院校学生就业的影响。

职业的含义，有哪些基本特征？

什么是择业观？择业观对学生择业活动有什么作用？

如何树立正确的择业观？

第四章　职业生涯决策

案例故事：

　　有两兄弟，他们一起住在一幢公寓楼里。一天，他们一起去郊外爬山。傍晚时分，等他们爬山回来，回到公寓楼的时候，发现一件事：大厦停电了！这真是一件令人沮丧的事情。为什么呢？因为很不巧，这两兄弟住在大厦的顶楼。那么，顶楼是几楼呢？那就更加不巧了，顶楼是八十楼。很恐怖吧。虽然两兄弟都背着大大的登山包，但也别无选择，于是，哥哥对弟弟说："我们爬楼梯上去吧。"于是，他们就背着一大包行李开始往上爬。

　　到了二十楼的时候，他们觉得累了。于是弟弟提议说："哥哥，行李太重了，不如这样吧，我们把它放在二十楼，我们先上去，等大厦恢复电力，我们再坐电梯下来拿吧。"哥哥一听，觉得这主意不错："好啊。弟弟，你真聪明呀。"于是，他们就把行李放在二十楼，继续往上爬。卸下了沉重了包袱之后，两个人觉得轻松多了。他们一路有说有笑地往上爬。但好景不长，到了四十楼，两人又觉得累了。想到只爬了一半，往上一看，竟然还有四十楼要爬。两人就开始互相埋怨，指责对方不注意停电公告，才会落到如此下场。他们边吵边爬，就这样一路爬到了六十楼。

　　到了六十楼，两人筋疲力尽，累得连吵架的力气也没有了。哥哥对弟弟说："算了，只剩下最后二十楼，我们就不要再吵了。"于是，他们一路无言，安静地继续往上爬。

　　终于，八十楼到了。到了家门口，哥哥长吁一口气，摆了一个很酷的姿势："弟弟，拿钥匙来！"弟弟说："有没有搞错？钥匙不是在你那里吗？"……

　　好，大家猜猜发生了什么事？正确，钥匙还留在二十楼的登山包里！

启示：

这个故事其实在反映我们的人生。二十岁之前，我们活在家人、老师的期望之下，背负着很多压力，不停地功课、考试、升学，就好像是背着一个很重的登山包，加上自己也不够成熟，没有能力，所以走得很辛苦。

二十岁以后，从学校毕业出来，踏上工作岗位，开始自己的职业生涯，自己喜欢做什么就做什么，想怎么做就怎么做。就好像是卸下沉重的包袱。所以说，从二十岁到四十岁，是一生中最愉快的二十年。到了四十岁，人到中年，发现青春早已逝去，但又有很多遗憾，于是开始看抱怨，骂老板不识货，怪家人不体恤，埋怨政府，埋怨国家，埋怨社会……就这样在抱怨遗憾中又过了二十年。

到了六十岁，发现人生所剩不多，于是告诉自己，不要再埋怨了，就珍惜剩下的日子吧。于是，默默走完自己的最后岁月。到了生命的尽头，突然想起：好像有什么忘记了。是什么呢？是你的钥匙，你的 KEY，你人生的关键。你把你的理想、抱负、关键都留在二十岁，没有完成。

想一想，是不是也要等到四十年之后，六十年之后才来追悔？我们想一想，我们最在意的是什么？想一想，希望将来的自己和现在有些什么不同？是不是可以做些什么来不让这个遗憾发生呢？那么，我们要做什么呢？

我们要做好我们的职业生涯规划。

第一节　职业生涯决策过程

目标：

职业决策是个人根据各种条件，并经过一系列活动以后，进行的目标决定，以及为实现目标而制订优选的个人行动方案。职业决策是一个复杂的认知过程，通过此过程，决策者组织有关自我和职业环境的信息，仔细考虑各种可供选择的职业前景，做出职业行为的公开承诺。

通过本节学习，让学生了解职业决策是一个过程，而不单单是一种结果。明白每一个选择，决定每一条路；一条道路，到达一方土地；一方土地，开始一种生活；一种生活，形成一个命运。今天的生活是由你的一个选择决定的，你今天的选择将决定你几年后的生活。

任务：

多种可能性迫使我们在众多的选择中做出决定，这几乎成了现代人永恒的困境。有自由才有选择，这是社会的一种进步，但当选择真的来临时，我们常常做出错误的决定，发出"昏看"。今天的生活是由你的一个选择决定的，你今天的选择将决定你几年后的生活。比尔·盖茨若不是果断退学，他可能贻误了发展时机，成不了世界首富。所以如何做好选择，做好职业规划，至关重要。

通过本节内容的学习，拟定个人生涯职业路线，确定自己职业生涯目标各阶段的具体实施策略，能够对自己的职业生涯做出正确的选择。

一、确定职业生涯发展目标的作用和意义

无论是在工作、学习、生活上，还是在人际关系上，都要有明确的目标。没有目标的人如同航行在茫茫大海中的孤舟，没有方向，不知所终。明确而适合的目标是漫漫职业生涯中的灯塔，指引人生走向成功。职业技术院校的学生在完成自我认知、职业认知和社会环境分析后，就要进入个人职业生涯规划的核心环节——确立目标。

美国耶鲁大学进行过一次跨度为20年的跟踪调查。最早，这个大学的研究人员对参加调查的学生们提了一个问题："你们有目标吗？"90%的学生回答说有。研究人员又问："如果你们有了目标，那么，是否把它写下来呢？"这时，只有4%的学生回答说："写下来了。"

20年后，耶鲁大学的研究人员跟踪当年参加调查的学生们。结果发现，那些有目标并且用白纸黑字写下来的学生，无论是事业发展还是生活水平，都远远超过了另外的没有这样做的学生。他们创造的价值超过余下的96%的学生的总和。那么，那96%的学生今天在干什么呢？研究人员调查发现：这些人忙忙碌碌，一辈子都在直接或间接地帮助那4%的人实现他们的理想呢。

流沙河的《理想》一诗是这样说的："理想是石，敲出星星之火，理想是火，点燃熄灭的灯；理想是灯，照亮夜行的路；理想是路，引你走向黎明。"目标在人的一生中具有引导和动力保障作用，不可不重视。

二、确定职业生涯发展目标的原则

1. 可行原则：意思是说就你的能力和特点而言，实现这个目标是现实的、可能的。

2. 可信原则：是指你真的相信自己能完成这个目标，对自己的能力非常有信心，相信自己能够在设立的时间之内完成。

3. 可控原则：主要是指你对一些可能会最终影响到你实现目标的因素的控制能力。

4. 可界定原则：是指你的目标必须是以普通人都能理解的口头语言或书面语言表达。

5. 明晰原则：是指你只陈述某一特定的目标，并且在一段时间之内只集中于这一个目标。同时，这个指导原则也要求你非常慎重地遣词用句。

6. 适合你自己原则：是指你制订的目标应该是自己真正想去做的事情，而不是别人强加的。

7. 促进成长原则：这是指你的目标应该是对自己和他人均无伤害性或破坏性。

8. 可量化原则：就是指你的目标尽量以一种能够用数字加以衡量的方式来表达，而尽量不要用宽泛的、一般的、模糊的或抽象的形式。

三、拟定个人职业生涯路线

不同的发展路线对职业发展的要求也不同。因此，在职业生涯规划中，必须对发展路线做出抉择，以便及时调整自己的学习、工作以及各种行动措施。一般来说，有专业技术型、行政管理型、自主创业型和综合型等四条路线。

（一）专业技术型路线

专业技术型路线是指工程、财会、销售、生产、职业法律等职能性专业方向。共同特点是：都要求有一定的专门技术性知识与能力，并需要有较好的分析能力，这些技能必须经过长期训练才能具备。如果你对专业技术内容及其活动本身感兴趣，并追求这方面的提高和成就，喜欢独立思考，而不喜欢从事管理活动，专业技术型发展道路是你最好的选择。相应的发展阶梯是技术职称的晋升及技术性成就的认可、奖励等级的提高及物质待遇的改善。

（二）行政管理型路线

如果你喜欢与人打交道，处理人际关系问题得心应手，并且由衷地热爱行政管理，考虑问题比较理智，善于从宏观角度考虑问题，并善于影响、控制他人，追求权力，管理型发展道路就是你适合的道路。把行政管理这个职业本身视为自己的目标。相应的发展阶梯一般是从基层职能部门开始，然后向中级部门、高级部门逐步提升，管理的权限越来越大，承担的责任越来越大。同时，不断学习与进修对选择本路线的人来说是非常关键的。

（三）自主创业型路线

走上创业之路，是人生的一个大转折，它是成就自己事业的过程，是自我价值和能力的体现。创业型路线是对选择者要求非常高的一条道路，是一条鲜花和荆棘交织的道路。创业自有快乐，但创业途中的艰难也不是常人能够想象的。客观上，要有良好的机会和适宜的土壤；主观上，不仅要求具有强烈的创造与成就愿望，而且心理素质要高，能够承担风险，善于发现并开拓新领域、新产品、新思维。

（四）综合型路线

如果一个人开始时选择了专业技术方向，但仍然对管理有兴趣，并且希望在管理领域作出一番事业，也完全可以跨越发展。即一开始从事某种技术性专业，不断积累充实自己的专业知识，奠定坚实的技术基础。然后，在适当的时候，转向专业技术部门的管理职位。事实上，现代社会中的很多地方都有这样的客观要求。

四、确定职业生涯的成功标准——职业锚

（一）什么是职业锚

职业锚理论产生于在职业生涯规划领域具有"教父"级地位的美国麻省理工学院斯隆商学院教授、美国著名的职业指导专家埃德加·H·施恩（Edgar. H. Schein）领导的专门研究小组，是对该学院毕业生的职业生涯研究中演绎成的。

所谓职业锚，又称职业系留点。锚，是使船只停泊定位用的铁制器具。职业锚，是指当一个人不得不做出选择的时候，他无论如何都不会放弃的职业中的那种至关重要的东西或价值观。实际就是人们选择和发展自己的职业时所围绕的中心。

1. 职业锚以员工习得的工作经验为基础。职业锚发生于早期职业阶段，新员工已经工作若干年，习得工作经验后，方能选定自己稳定的长期贡献区。个人在面临各种各样的实际工作生活情境之前，不可能真切地了解自己的能力、动机和价值观以及在多大程度上应可行的职业选择。因此，新员工的工作经验产生、演变和发展了职业锚。换句话说，职业锚在某种程度上由员工实际工作所决定，而不只是取决于潜在的才干和动机。

2. 职业锚不是员工根据各种测试出来的能力、才干或者作业动机、价值观，而是在工作实践中，依据自身和已被证明的才干、动机、需要和价值观，现实地选择和准确地进行职业定位。

3. 职业锚是员工自我发展过程中的动机、需要、价值观、能力相互作用和逐步整合的结果。

4. 员工个人及其职业不是固定不变的。职业锚，是个人稳定的职业贡献区和成长区。但是，这并不是意味着个人将停止变化和发展。员工以职业锚为其稳定源，可以获得该职业工作的进一步发展，以及个人生物社会生命周期和家庭生命周期的成长、变化。此外，职业锚本身也可能变化，员工在职业生涯的中后期可能会根据变化了的情况，重新选定自己的职业锚。

通常情况下，人们刚刚走上工作岗的时候，并不知道自己最适合的职业是什么。一个人的职业锚是其内心世界和工作情境之间早期相互作用的产物，通过若干年的实际工作后才能够被发现。一般来说，开始主动地、有意识地努力寻找职业锚的平均年龄是 35 岁，找到职业锚的平均年龄是 40 岁。

（二）职业锚类型

1. 以技术职能能力为锚位的雇员，有特有的职业工作追求、需要和价值观。表现出如下特征：强调实际技术或某项职能业务工作。技术职能能力锚的雇员热爱自己的专业技术或职能工作，注重个人专业技能发展，一般多从事工程技术、营销、财务分析、系统分析、企业计划等工作。

2. 管理能力型的职业锚呈现如下特点：愿意担负管理责任，且责任越大越好，这是管理能力型职业锚雇员的追逐目标。他们与不喜欢甚至惧怕全面管理的技术职能锚的人不同，倾心于全面管理，掌握更大权力，肩负更大责任。具体的技术工作或职能工作仅仅被看作是通向更高、更全面管理层的必经之路；他们从事一个或几个技术职能区工作，只是为了更好地展现自己的能力，是获取专职管理权之必需。

3. 创造型职业锚是定位很独特的一种职业锚，在某种程度上，创造型锚同其他类型职业锚有重叠。追求创造型锚的人要求有自主权、管理能力，能施展自己的才干。但是，这些不是他们的主要动机、主价值观，创造性是他们的主要动机和价值观。

4. 安全型职业锚又称稳定型职业锚，其特征如下：职业的稳定和安全，是这一类职业锚雇员的追求、驱动力和价值观。他们的安全取向主要为两类：一种是追求职业安全，稳定源和安全源主要是一个给定组织中的稳定的成员资格，例如大公司组织安全性高，做它的成员稳定系数高；另一种注重情感的安全稳定，包括一种定居，使家庭稳定和使自己融入团队的感情。

5. 自主型职业锚又称独立型职业锚，这种职业锚的特点是：最大限度地摆脱组织约束，追求能施展个人职业能力的工作环境。以自主、独立为锚位的人认为，组织生活太限制人，是非理性的，甚至侵犯个人私生活。他们追求自由自在、不受约束或少受约束的工作生活环境。

（三）职业锚的作用

职业锚在员工的工作生命周期中，在组织的事业发展过程中，发挥着重要的功能作用。

1. 使组织获得正确的反馈

职业锚是员工经过搜索所确定的长期职业贡献区或职业定位。这一搜索定位过程，依循着员工的需要、动机和价值观进行。所以，职业锚清楚地反映出员工职业追求与抱负。

2. 为员工设置可行有效的职业渠道

职业锚准确地反映员工职业需要及其所追求的职业工作环境，反映员工的价值观和抱负。透过职业锚，组织获得员工正确信息的反馈，这样，组织才可能有针对性地对员工职业发展设置可行的、有效的、顺畅的职业渠道。

3. 增长员工工作经验

职业锚是员工职业工作的定位，不但能使员工在长期从事某项职业中增长工作经验，同时，员工职业技能也能不断增强，直接产生提高工作效率或劳动生产率的明显效益。

4. 为员工做好奠定中后期工作的基础

之所以说职业锚是中后期职业工作的基础。是因为职业锚是员工在通过工作经验的积累后产生的，它反映了该员工价值观和被发现的才干。当员工抛锚于某一种职业工作过程，就是自我认知过程，就是把职业工作与自我观相结合的过程，开始决定成年期的主要生活和职业选择。

五、职业生涯目标各阶段的具体实施策略

职业技术院校各个阶段应该怎样保证职业生涯规划的有效实施呢？下面，以三年制职业技术院校为例，介绍一下各年级学生的职业规划实施策略。

（一）职业技术院校一年级上学期：探索适应期。

【阶段目标】

适应职业学校生活，树立规划意识。

【实施策略】

了解就业形势，树立新的奋斗目标，为就业和职业发展奠定基础。完成从中学生到职业技术院校学生的角色转变，尽快适应学校生活。虚心请教老师及师兄、师姐，积极参加集体活动，建立新的人际关系圈。熟读学生手册，关注辅修专业，保证一定的学习成绩。

开始自我认知和职业世界的探索，树立职业规划意识。通过职业测评等工具全面客观地探索自己，思考有哪些职业与自己所读的课程、专业相吻合，通过互联网、报纸杂志和访谈等渠道进一步了解这些职业。

（二）职业技术院校一年级下学期：定向期。

【阶段目标】

确定主攻方向，培养综合素质。

【实施策略】

虚心请教师长和校友，根据自己的发展意愿选定专业或主攻方向，有必要、有条件的话，同时辅修其他课程和专业。

建立合理的知识结构，注重专业能力的培养，参加英语、计算机等工具性证书的考试。

积极参加学生会或社团工作，培养自己的组织协调能力和团队合作精神，提升自己的综合素质。

尝试兼职、实习等，积累一定的职业经验。

（三）职业技术院校二年级：提升期。

【阶段目标】

提升职业技能，积累职业经验。

【实施策略】

加强专业知识学习的同时，考取与职业目标相关的职业资格证书。

增强兼职、实习等，积累一定的职业实践经验。

扩大交际圈，加强与校友、职场人士的交往，提前参加校园招聘会，与用人单位招聘人员进行沟通。

学习求职技巧，学会制作简历、求职信，了解面试技巧和职场礼仪。如果决定参加专升本，要做好复习准备。

在后期要查漏补缺，检查当前与毕业后目标的差距，及时采取纠偏措施，为目标的顺利完成打下坚实的基础。

（四）职业技术院校三年级：冲刺期。

【阶段目标】

充分掌握资讯，实现毕业和就业目标。

【实施策略】

留意学校就业中心通知和其他重要的招聘渠道，不要遗漏关键的招聘信息。登陆招聘单位网站或通过咨询、访谈等方式，了解招聘单位的相关信息，为面试做好准备。

通过顶岗实习，增强对相应岗位实际工作的了解，锻炼自己的实践动手能力，为成功求职打好基础。

选择实用性强的毕业设计题目，借机证明自己的应用研究能力。学会就业心理调节，始终保持自信和主动。了解劳动法和政策，学会保障自己的劳动权益。有计划地参加招聘会、投简历和参加面试，以顺利实现就业。参加专升本考试，继续升学深造或自主创业。

六、职业生涯管理

（一）职业生涯管理的概念

职业生涯管理是现代企业人力资源管理的重要内容之一，是企业帮助员工制订职业生涯规划和帮助其职业生涯发展的一系列活动。职业生涯管理应看作是竭力满足管理者、员工、企业三者需要的一个动态过程。在现代企业中，个人最终要对自己的职业发展计划负责，这就需要每个人都清楚地了解自己所掌握的知识、技能、能力、兴趣、价值观等。而且，还必须对职业选择有较深了解，以便制订目标、完善职业计划；管理者则必须鼓励员工对自己的职业生涯负责，在进行个人工作反馈时提供帮助，并提供员工感兴趣的有关组织工作、职业发展机会等信息；企业则必须提供自身的发展目标、政策、计划等，还必须帮助员工做好自我评价、培训、发展等。当个人目标与组织目标有机结合起来时，职业生涯管理就会意义重大。因此，职业生涯管理就是从企业出发的职业生涯规划和职业生涯发展。

（二）职业生涯管理的分类及其特征

职业生涯管理主要包括两种：一是组织职业生涯管理是指由组织实施的，旨在开发员工的潜力，留住员工，使员工能自我实现的一系列管理方法；二是自我职业生涯管理是指社会行动者在职业生命周期从进入劳动力市场到退出劳动力市场的全程中由职业发展计划、职业策略、职业进入、职业变动和职业位置的一系列变量构成。企业员工职业生涯的管理是一种动态的长期管理过程，员工在职业生涯发展的不同阶段，其发展环境和目标都不尽相同。把握职业生涯管理的特征，对我们处理员工职业生涯发展的不同阶段所采取的措施，有很强的指导意义。职业生涯管理的特征有以下三个方面：其一，职业管理是组织为其员工设计的职业发展、援助计划，有别于员工个人制订的职业计划；其二，职业管理必须满足个人和组织的双重需要；其三，职业管理形式多样、涉及面广。

（三）职业生涯管理过程中的影响因素

1. 个人因素

个人因素在人的职业生涯中起着基础作用，决定着人的发展方向和前景。它包含健康、性别、兴趣、能力、价值观、职业倾向等要素。健康身体是任何人职业生涯开始的首要条件。几乎所有的职业都需要有健康的身体。凡是积极追求健康的人，大多满意他们过去的职业经历。但是紧张忙碌的职业会导致压力增加。因此，采取一些技巧，保持适度的压力激励自己，但又不伤害身体是十分重要的。性别问题对事业的挑战别具意义。一般人差不多都认为，卓著的事业是男人的幸福，而女性则在家务需求和工作需求的协调方面感到困扰。每个人都必须找出自己的欲望，以便充分发展自己的性别特色，并使自己能够角色扮演成功，这就与个人的职业生涯密切相关了。兴趣指人们力求认识、掌握某种事物，并经常参与该种活动的心理倾向；兴趣是职业生涯选择的重要依据；兴趣可以提高你的工作效率，充分发挥你的才能；兴趣是保证职业稳定性和工作满意度的重要因素。

能力即劳动的能力，运用各种资源从事生产、研究、经营活动的能力。能力可分为基础能力、专项能力，特长能力，规划能力。价值观决定于世界观，是从出生起，在家庭和社会中积累形成的。人们的生活和教育经历互不相同，因此价值观也多种多样。价值观不但影响个人行为，还影响群体行为和整个组织行为，价值观也对个人在职业生涯发展中持久拼搏有积极和长久的影响。职业倾向是通过人的内在起因和外在表象表现出来的，一般可以通过测试来更好地了解。常见的职业倾向有以下几种类型：研究型、社会型、艺术型、常规型、现实型、企业型。

2. 社会因素

社会因素对每个人的职业生涯乃至发展都有重大的影响。通过对社会大环境进行分析，了解所在国家或地区的经济、法制建设发展方向，寻求各种发展机会。影响职业生涯的社会因素包括：经济发展水平、社会文化环境、政治制度和氛围、价值观念。在经济发展水平高的地区，企业相对集中，优秀企业也就比较多，个人职业选择的机会就比较多，个人职业选择的机会就比较多，因而有利于个人职业的发展；反之，在经济落后的地区，个人职业选择的机会就比较少，个人职业生涯也会受到限制。社会文化环境包括教育条件和水平、社会文化设施等。在良好的社会文化环境中，个人在学习、进修、深造等方面都可以得到更好的教育和熏陶，从而为职业发展打下更好的基础。政治和经济是相互影响的，政治不仅影响到一国的经济体制，而且影响着企业的组织体制，从而直接影响到个人的职业发展；政治制度和氛围还会潜移默化的影响个人的追求，从而对职业生涯产生影响。职业价值观表明了一个人通过工作所要追求的理想是什么。一个人生活在社会环境中，必然会受到社会价值观念的影响，大多数人的价值取向，甚至都是为社会主体价值取向所左右的。一个人的思想发展、成熟的过程，其实就是接受认可社会主体价值观的过程。社会价值观念正是通过影响个人价值观而影响个人职业选择的。

（3）环境因素

环境对个人的职业影响有着直接或间接的影响，它左右着人所从事的行业、改变着人生的发展轨迹。它包括：教育背景、家庭影响、行业环境、企业环境因素。职业进展深受正规教育或专业训练的影响。教育程度虽然是事业成功中不可缺少的因素，但对大多数的职业而言，也未必尽然。现在企业对录用者能做什么较有兴趣，而不是只注意他们的教育资格。一般来说，企业要找的是既受过正规教育，又具备某些没有固定规范的个人发展潜力的人。

家庭影响包括：家庭期望、家庭需要、家庭支持力度、经济状况、家族文化等。人的家庭是造就人的素质和影响人的职业生涯的主要因素。在幼年时期就开始受到家庭的深刻影响，长期潜移默化的结果会使人形成一定的价值观和行为模式。

行业环境将直接影响着企业的发展状况，进而也影响到个人的职业生涯发展。这也有利于个人选择有发展的行业和职业，有助于个人职业目标的更好实现。行业环境又包含以下内容：行业发展现状、国际国内重大事件对该行业的影响以及行业发展前景预测。一个人选什么样的工作，就会有什么样的生活状态，工作与生活是息息相关，相互影响的。企业内部的环境主要包括以下几个方面：企业文化、企业制度、领导人的素质和价值观、企业的结构组织、企业实力、企业的社会声誉等。

拓展阅读：

你会不会找工作

作为一名高职毕业生，求职时遇到的困难是不小的。那么，我们该怎样去求职呢？我的体会是，首先要调整好自己的心态，因为你将面临的是一生中第一个大的考验。也许会遇到挫折，但千万不要灰心丧气，当然也不要太高估自己。然后呢，要根据自己的特点尽量从多方面选择可以从事的职业。由于我是女生，在电脑知识等方面还过得去，所以我就有意去做前台、搞行政等，但我对于自己想从事销售职业的想法一直没有改变过，当初因为喜欢所以才读的这个呀。但销售的简历我是有选择地投递的，同时不断拓宽找工作的面，利用一切关系去找工作（老师—家人、亲戚—朋友—自己—其他人）。

下面谈谈求职的过程，我把它归纳为七个步骤：

第一步，明确自己的求职方向（也可及时调整）。

第二步，根据求职意向制作简历。注意，一定要在信封、信件、邮件方便看见的地方注明应聘的职位，以方便对方归类。千万不要一应多职，因为你不可能做多面手，万一其中一职请你来面试，结果却什么都不精，那么对方对你的印象就会大打折扣。制作简历尽量用打印稿或复印稿（除非你能写出很工整的字，太草太花太难看都会降低你的面试成功率）。

第三步，投递求职书前一定要充分了解用人单位的要求，突出自己符合的条件和"我可以给贵公司带来什么"等，千万不要就是一张简单的个人履历。

第四步，讲求做简历的技巧。尽量把简历做得让人一下子就挑出来看，比如彩色总是能吸引人的眼球，有条件的同学不妨一试。

第五步，选择投递。可以发 E-mail，但我的体会是寄信更加可靠一些。

第六步，等待回复。一般推荐用手机或可随时联系到自己的电话，同时，千万不要关机（8：00~20：00），更不要不接不认识的电话。因为很多公司都有分机，你可能没有办法回拨，同时要记住他通知的不只是你，错过了你可能永远没有办法及时将电话拨进去，而且有的公司是统一一天面试的，错过了就没有办法安排了。

第七步，参加面试。面试前，先调出自己的资料保留，想一想对方公司可能会提出哪些问题，备好笔、纸，以及自己的作品，再多备一份简历（针对是投递 E-mail 的）。面试过程中要十分注意自己说话的态度，多使用敬语，并始终保持你的微笑。一般提前 10 分钟到达面试公司，不要早到，更不要迟到。尽量一个人去面试，你是成人了，而且有他人做陪的行为也会间接影响到你的面试成绩。

最后谈一下薪酬问题。很多人认为大专毕业最起码 1500 元以上，或 1000元是底价，但我最初的定位只要 800 元以上就可以了。薪金也许是你能够面试的一块敲门砖，其实每家公司都有他的一个职位尺度（正规公司），一般大专都能拿到 1200 元左右，就算真的是 800 元，但最起码我有工作了，可以自己养活自己了。我一直记住一句话：打工其实也是一种留学，而这种留学是可以学到东西又可以拿钱，何乐而不为呢？所以，调整好心态才是主要的。

进了新公司，除了要了解他们的规矩外，更要做到勤，因为新人都会被安排做很琐碎的事情，但这些又是他们日常所不能缺少的，这也是你了解公司、融入公司的一个窗口，至于如何突破那就要看你怎么去抓这个窗口的把手了。以微笑去对待每件事，以头脑去处理每件事，你会发现你真的可以做得很好。

行动：

活动一：根据上面的阅读材料讨论以下问题：

1. 案例中的同学是如何求职的？

2. 这个案例对你以后找工作有哪些启示？

职业定位

孙晓梅在职业技术院校学的是会计专业，她无奈地告诉职业咨询师，她毕业至今已经换过了4份工作！在此期间，她做过会计、销售、物流、文秘，现在在一家酒店从事会展策划。可是她总是觉得没一份工作适合自己。看到各大报纸和招聘网站的招聘信息，却如坠云雾中：好像自己什么工作经验都有，却又很难说达到职位描述中的要求。面试了几家，都杳无音讯。唯一有了答复的几家，也都是因为公司规模太小或者在薪酬上双方无法达成共识而作罢。眼看着自己的年纪越来越大，想想自己微薄的薪水和狭窄的发展空间，孙晓梅变得束手无策，她不知道怎样才能让自己的职业发展更上一层？

职业咨询师认为孙晓梅从事过的工作之间缺乏连贯性，零零碎碎，而且一些工作与她本身学的专业也相差甚远。也正是因为如此，造成了她在工作经验上什么都有却无一精通的劣势和无奈。职业咨询师通过对她进行职业价值观、职业满意度、职业个性以及职业能力等一系列的测评结果，发现她性格外向，感情细腻，办事注重规则和计划，于是建议把人事助理或者助理文秘类的职位作为其职业的切入点。同时职业咨询师又给了她一些与其职业发展休戚相关的充电建议以及简历制作方面的辅导。在投递了三份简历之后，孙晓梅就收到了面试邀请，继而职业咨询师又给她做了相应的面试辅导。现在晓梅已经顺利地在杭州一家比较大型的合资公司担任人事助理一职了。她说："我现在正在根据职业咨询师为她规划好的职业发展道路一步一步进行着。假使早些年就有职业生涯规划意识的话，自己的职业发展现在肯定已经步入正轨了，而不至于浪费了这么多年时间。"

活动二：根据上面阅读材料讨论

1. 孙晓梅对自己的职业定位不够清晰，导致做了很多不相关的工作，那么如何才能对自己有一个准确的职业定位呢？

2. 如何寻找与自己职业生涯发展的切合点，合理地规划自己的职业生涯？

第二节　职业生涯规划设计

目标：

能做一份简单的职业生涯规划书。

在国外，青少年很早就接受了职业教育，从学生时代起，他们就开始有目的地规划设计自己的未来生涯。而在我国，由于教育体制等方面的原因，职业生涯教育尚属新鲜事物，很多大学生没有想过做一份个人的职业生涯规划，甚至不知职业生涯规划为何物。因此，在职业技术院校开展职业指导工作，让学生对自己、对职业、对未来都有明确的认识，尽早开展科学的个人职业生涯规划，才能使他们掌握自己的命运。

对职业生涯规划有了初步了解，正确分析环境，能做一份简单的职业生涯规划书。

任务：

了解学生职业生涯规划的意义，掌握职业生涯规划的关键点，能正确认识自我分析环境，会做简单的职业生涯规划书。

一、学生职业生涯规划的意义

（一）引导学生正确认识自我

有许多学生，对自己并不了解，尤其是不了解自身的优势和劣势。因此，在职业选择过程中具有比较大的盲目性和不切实际性。

通过有效的职业生涯规划，可以使学生认识到自身的个性特质、现有和潜在的资源优势，帮助学生认识自身的价值并使其持续增值；可以对自己的综合优势和劣势进行对比分析，着力培养某些职业特质；树立自己的职业发展目标和职业理想，从而能规划自己的学习与实践，并为获得自己认为理想的职业而去做各种准备；比较客观地评估自己的个人目标与现实之间的距离，运用科学的方法采取切实可行的步骤和措施，不断增强职业竞争能力，实现自己的职业目标与理想。

（二）帮助学生进一步了解社会

生活在学校里的学子们，常常缺乏对社会、对外部职业资讯的了解。在职业生涯规划过程中，学生需要不断获得外部信息，这些信息包括职业、组织、社会等多方面。学生获得的外部信息越多，心理上的准备也就越充分，在规划自己未来发展的时候，就能够根据社会的需要，考虑眼前利益和长远发展的关系，合理地规划自己。

（三）增强学生的自信心

在诸多影响个人职业生涯成功的要素中，信心排在第一位。现代社会的"文凭热"，多少让职业技术院校的学生处于一种尴尬的境地，自信心也受到影响。职业生涯规划的过程，是学生不断学习的过程，随着知识的积累，接受的培训和教育的增多，对自己和职业工作认识的加深，自信心也就会逐渐建立起来。

（四）促成学生自我实现

面对人生的大舞台，每个人都渴望实现自我价值，当代学生更是如此。美国心理学家马斯洛提出了著名的"需求理论"，指出人的需求由低级向高级依次推进：即从生理需求—安全需求—友爱和归属的需求—受尊敬的需求—自我实现的需求。而所有这些需求又必须通过职业生涯活动来实现。我们可以通过从事一份职业来获得生理、安全、友爱和归属、尊敬的需求，我们更是通过从事一份职业来发挥自己的潜能，体现自我价值。然而有一份工作并不能保证我们实现所有这些需求，谁都希望能在自己的职业生涯中有所成就，特别是受过良好教育、自身素质较高的大学生对未来事业之途更是充满很高的期望，并愿意为成功付出勤奋和努力。但是，成功仅有主观努力是不够的，还要看是否选择了正确的方向。因此，一份正确的职业生涯规划，能为实现自我价值创造机会并能够扬长避短，最终迈向成功。

二、职业生涯规划的关键点

正确确立自己的职业发展规划是实现职业计划、目标、理想的前提。在进行职业设计、确立职业发展规划前，必须注意以下七个关键点：

（一）紧跟社会步伐

人首先是社会的人，离不开社会。保持个人职业发展规划同社会发展规划一致，紧跟社会发展的步伐，是职业规划不偏离社会总方向的前提，也是职业规划实现的基本保证。任何离开社会发展方向、离开社会发展大环境的个人职业都是不现实的，都是虚无的。

（二）瞄准企业实际

人不但是社会人，还必须是企业人、组织人。从这个属性出发，一个人在规划自己职业生涯时，必须保持个人职业发展规划同企业（组织）发展目标一致，才能找到很好的舞台，施展自己的才华，才会有土壤，不断苗壮成长。

（三）结合自身特点

做职业生涯规划前，千万不要忽视自身的知识层面、技能与素质等诸多因素，必须很清醒地反复斟酌、权衡，全面、细致、有效地进行个人的职业发展规划。

任何盲目追求过高目标或过低求全的消极做法，都是不合适的，也是不可取的。每个人都应该学会认清自己、超越自己、战胜自己、摆脱自己，实现自我的飞跃。

（四）学会不断学习

一个人只有树立"学习，学习，再学习"的思想意识，并且付诸实施，学会充分利用别人没有抓住的间隙，才能不断提高自己的素质和技能，不断完善充实自己的职业生涯。

（五）树立自强不息的思想

一个人必须树立自强不息的思想，才能保持不被挫折摧毁的坚强毅力，才能不断进取、不断进步；要始终坚持永不放弃的信念，只有这样的人，才会走到成功的彼岸。

（六）保持充沛的精力

人的潜能是无穷的。人的精力必须不断培养，才能变得旺盛，一个萎靡不振的人，他的脑海里都是一些不可及的想法与思维，总是未做先说难。

一个人要学会自己走出思想阴影，保持旺盛的精神状态，才能时刻面对挫折和失败，也才能果断跳出自身职业挫折甚至失败的阴影。

（七）及时有效调整

学会调整自己很难。但是，社会就是社会，企业就是企业，不能让社会来适应自己，更不能让企业迁就自己，如果怀着这样的就业心态，不用别人说，你自己先自我毁灭了。

人要不断地学会适应社会、适应企业，同时结合社会的发展现状、企业的战略规划，不断地有效调整自身的原有职业规划，实现新的跨越。

总之，个人的职业发展规划，要顺应社会（企业、组织）、家庭、个人的阶段发展现状，及时进行修订、完善。

阅读：

为自己设计职业生涯规划，可使用一些简便易行的方法。这里介绍一种"5W法"归零思考。这是一种被许多人士成功应用的方法，依托的是归零式的模式，从问自己是谁开始，如果能够成功回答完五个问题，你就有最后答案了。

5个"W"是——

1. Who am I ?（我是谁?）

2. What will I do ?（我想做什么?）

3. What can I do ?（我会做什么?）

4. What does the situation allow me to do ?（环境支持或以下我做什么?）

5. What is the plan of my career and life?（我的职业与生活规划是什么?）

回答了这5个问题，找到它们的最高共同点，你就有了自己的职业生涯规划。如果你有兴趣，现在就可以试试。

先取出五张白纸，一支铅笔，一块橡皮。在每张纸的最上边分别写上上述五个问题。

然后，静下心来，排除干扰，按照顺序，独立地仔细思考每一个问题。

对于第一个问题"我是谁?"回答的要点是：面对自己，真实地写出每一个想到的答案；写完了再想想有没有遗漏，认为确实没有了，按重要性进行排序。

对于第二个问题"我想干什么?"可将思绪回溯到孩童时代，从人生初次萌生一个想干什么的念头开始，然后随年龄的增长，回忆自己真心向往过、想干的事，一一地记录下来，写完后再想想有无遗漏，确实没有了，就认真地进行排序。

对于第三个问题"我能干什么？"则要把确实已证明的能力和自认为还可以开发出来的潜能都一一列出来，认为没有遗漏了，就认真地进行排序。

第四个问题"环境支持或允许我干什么？"回答则要稍作分析：环境，有本单位、本市、本省、本国和其他国家，自小向大，认为自己有可能借助的环境，都应在考虑的范畴之内。在这些环境中，认真想想自己可能获得什么支持和允许，搞明白后一一写下来，再按重要性排列一下。

如果能够成功回答第五个问题"我的职业与生活规划是什么？"你就有了最后的答案。

做法是：把前四张纸和第五张纸一字排开，然后认真比较一至四张纸上的答案，将内容相同或相近的答案用一条横线连起来，你会得到几条连线，而不与连线相交的，又处于最上面的线，就是你最应该去做的事情，你的职业生涯就应该以此为方向。你要在此方向上以三年为周期，提出近期、中期与远期的目标，然后在近期的目标中提出今年的目标，将今年的目标分解为每季度目标、每月目标、每周目标、每天目标。这样，你每天睡前就可以对照自己的目标进行反省，总结当日成就与失误、经验与教训，修正明天的目标与方法，第二天醒过来后温习一下就可以投入行动了！这样日积月累，没有不能实现的规划。

三、职业生涯规划书的格式和内容

（一）职业生涯规划书的格式

职业生涯规划书的格式是多样性的，常见的格式有：

1. 表格式。这种格式的规划书常常仅写有最简单的目标、分段实现时间、职业机会评估和发展策略等几个项目，有的只相当于一份完整的职业生涯规划书的计划实施方案表。这种规划书是不完整的职业生涯规划书，只适合作为日常警示使用。

2. 条列式。这种格式的规划书虽然具有职业生涯的主要内容，但是仅进行简单的表述，没有详细的材料分析和评估，文章简练，逻辑性和说理性不强。

3. 复合式。这种格式的规划书是表格式和条列式的综合。

4. 论文格式。就是职业生涯规划以论文的方式表述出来，一份优秀的论文格式的职业生涯规划书能够对一个人的职业生涯规划进行全面、详细的分析、阐述和论证，是最完整的职业生涯规划书。

（二）职业生涯规划书的基本内容

1. 扉页：包括题目、目录、姓名及基本情况介绍、规划年限、起止日期等。

2. 职业生涯方向和目标的设定：对人生目标做出抉择的职业生涯目标的设定，是职业生涯规划的核心。明确、正确的职业生涯目标是学生职业生涯发展的关键。通常目标可以分为短期目标、中期目标、长期目标和人生目标。根据总目标的要求，将过程进行细化，对于每一阶段的目标，由大化小、由近及远、由抽象到具体，最终实现自身的职业目标。

3. 外部环境分析：近年来，随着社会的快速变迁、科技的日新月异和市场竞争的加剧，用人单位的要求越来越高，对职业技术院校的学生的发展产生了很大的影响。职业技术院校的学生假如能很好地利用外部环境，就有助于事业的成功。所以，在制订个人的职业生涯规划时，正确地分析外部环境的特点、环境的发展变化情况、自己与环境的关系、环境对自己提出的要求、环境对自己有利与不利的因素等显得极为重要。只有对这些外部环境因素充分了解，调整好自身条件与客观条件的接洽度，才能做到在复杂的环境中趋利避害，化消极因素为积极因素，使职业生涯规划具有更强的实践性。对职业技术院校的学生而言，外部环境因素评估主要包括：组织环境、政治环境、社会环境、经济环境。

组织环境：只有了解自己所处组织的人力资源需求、价值观念及组织内部的人际关系、人事关系、考核奖励制度等，才能明智地选择一个适合自己发展的平台。

政治环境：政治环境对个体的成长与发展的影响是极其深刻的。当职业技术院校的学生在选择职业的时候，必须考虑国家的政治局面、政治制度、法律制度及政策状况等。

社会环境：当前，我国正处于社会结构转型和经济体制转轨时期，转型期的社会环境对学生就业产生很大的影响。这就需要学生对自己面对的社会大环境进行正确的分析，包括当前的就业形势、社会热点职业及其人才需求状况、局部地区的行业发展和职场需求、国家的大就业政策、所学专业的社会需求情况、自己所选职业在目前与未来社会中的发展趋势等。对于这些问题的客观分析，有助于在竞争激烈的社会中找到适合自己的职业，并使自己的职业规划更具有现实意义。

经济环境：经济环境的主要市场状况、经济状况以及竞争势态等。从宏观上来看，随着我国经济的发展和科学技术的进步，经济增长方式的转变、产业结构的调整和区域经济发展的不平衡现状，都关系到当前职业技术院校学生的职业选择。由于区域性经济发展状况的不平衡性，经济发展快的地区成为职业技术院校学生择业的热点，如我国的东部沿海、长江三角区、珠江三角区等，这就增加了就业的难度。因此，职业技术院校的学生要认识到客观经济环境对就业的直接影响，充分发挥主观能动性，克服客观环境的不利因素，主动适应社会需要。

（1）自我评估：一个有效的职业生涯规划必须在充分且客观地认识自己、了解自己的基础上进行。自我评估就是指要全面、客观地自我剖析，充分了解自身的优缺点。自我评估应包括自己的职业价值观、兴趣、学识、技能、智商、情商、思维方式、道德水准等，要将自我认识和他人评价相结合。对于自我评价应是客观、全方位的。评估自我的过程，既是学习的过程，也是成长的标志。尽管自我评估显示出某类特定职位与你的兴趣、技能、价值观相符，但这并不意味着这就是你的选择。同样，对于自我评估未显示某类特定职位适合自己，你也需要进行更进一步的探索。

（2）行动计划与措施的制订。在确定了职业生涯目标后，接下来便是如何在实际行动中去践行自己的计划，把目标转化成具体的方案和措施，分阶段进行。没有达成目标的行动，目标就难以实现，也就谈不上事业的成功。这里所指的行动，是指落实目标的具体措施，采取何种途径来达成目标。认真考虑你选择的方法、制订的步骤、所需的资源，并给自己规定出完成的截止日期。凭借制订行动计划，成功地实现短期目标，能增强制订长期计划的信心。行动计划由长期和短期两部分组成，长期计划的实现有众多不确定因素，因此职业技术院校的学生要根据自身实际情况和社会发展趋势，不断地设定新的可操作的短期目标。比如职业技术院校的学生一年级应该怎么做？力求实现短期目标？二年级又该执行什么方案？本年级结束时需要达到何种

预期效果？毕业当年有什么具体举措？如何向自己的初次择业的方向和目标靠拢，等等。实现目标可以采取主要包括工作、培训、教育等方面的措施。

（3）评估与反馈。职业生涯规划不是一蹴而就的，而是动态的，需要在实际操作过程中不断调整。影响职业生涯规划的因素很多，对于碰到的问题和变化的环境，需要结合实际情况及时调整发展规划，不断对职业生涯规划进行评估，修正职业生涯目标，调整职业生涯策略。生涯评估与反馈是指在实现职业目标的过程中有意识地收集相关信息和评价，不断地总结经验和教训，自觉地修正对自我的认知，适时地调整职业目标。对职业技术院校的学生来说，反馈修正的主要内容包括：职业方向的重新选择，各阶段目标的修正，实施措施与计划的变更，等等。

总之，职业技术院校的学生职业生涯规划不仅是一个复杂的程序，还需要科学的方法，并持之以恒，才能达到预期的目标。

拓展阅读：

一名大学生的职业生涯规划

一、前言

站在人生的十字路口上，面对滚滚人流，看世态炎凉，这样逼着自己不得不收起曾经的稚气与天真，开始深刻地思考未来的路。在现在的社会，只有真正的人才才能称得上是真正锋利闪亮的尖刀，想成为人才应该是每个年轻人的理想。但是浑浑噩噩的过日子是做不到这点的，只有做一份适合自己的人生规划，正确地准确评价个人的特点和强项才能定准职业方向，重新认识自己的价值并且通过不断的学习使之递增，为自己提供前进的动力并在职业中发挥个人优势。所以，我试着为自己拟定一份职业生涯规划（什么才是职业生涯规划），希望它对自己的系统的职业生涯规划能有领航的作用，为处于迷茫中的自己指明一条路。

二、自我分析

我现在在读大二，性格总体偏外向，但有时也很文静内向，业余时间喜欢看电影、听音乐，上网，还有看书，尤其喜欢研读人物传记。我比较喜欢国际政治，喜欢用自己拙劣的政治敏感度分析一下当前的形势，并偶尔发表点文章，观点有时会很偏激。平时与人友好相处，可是由于自己的性格偏直，常常由于心直口快无意中把朋友们惹生气，导致知心的好友并不是非常的多。我的优势在于我对于问题能形成自己的观点，并且经过理论证明认为它是正确的就会一直走下去，坚持自己的观点，绝不随波逐流。但我不是一个顽固的人，在发现自己某这方面确实有认识的偏差和理论的错误后，会真诚地道歉并虚心地接受教导。我的缺点是缺乏进取心，常常把"知足者常乐"挂在嘴边，所以积极性较差，进而导致在自己本该擅长的方面不能取得相应的成绩。由于从小时候形成的不良习惯，在看书尤其是自己喜欢的分析议论类书籍时，只求看明白其中的意思，而其中一些精华的语句等并没有尽力将其存入脑中，这就致使我日后尽管有稍微好于同龄人的分析能力，但是在撰写文章和口语表达上相对较差。口头上的不善交际又使我在与人交往中往往处于被动状态；不太活跃，不参加可以拓宽自己人际交往圈的活动如晚会、比赛等。缺乏锻炼，导致体质相当虚弱，健康是影响自己未来的很大的问题。感情方面有所牵挂，不能完全像其他同学一样自由追逐自己的梦想。在以后择业的路上，我需要顾忌的是远在家乡重病缠身的爸爸和至今仍昏迷在床的妈妈，我不能离开他们。这就会在一定程度上限制了自己的求职方向及地点。

三、解决自我分析中的劣势和缺点

尽管自己有的时候缺乏信心、恒心和毅力，但是凭借自己的热情和对未来比较清醒的认识，我相信我会逐渐培养起自己的恒心。自己在未来的发展中应该充分重视一下性格的转化，应该正确处理内向与外向的关系。在人际交往中应该发挥自己外向的一面，争取拓宽人际关系，这样既能广交朋友又能为未来铺路。在阅读自己喜欢的对自己有帮助的书籍时，既要掌握书中的观点，又要学习作者的精华语言，增强自己的表达能力和写作能力。注意加强体育锻炼，增强体质，以最大程度减少体质虚弱给自己带来的负面影响。

四、SWOT 分析

内部环境因素

S：优势因素

1. 能对未来有清醒的认识，目标较明确。

2. 善于思考，不人云亦云。

3. 逻辑分析能力相对较强，思维活跃。

4. 谦虚谨慎。

5. 做事踏实，为人善良。

6. 个人生活能力较强，不依赖他人。

7. 有一定的政治敏感度，在一些问题上能形成自己的见解。

W. 弱势因素

1. 人际交往中主动性差，沟通性一般。

2. 在一些问题上急于求成。

3. 懒惰行强，缺乏恒心。

4. 对自己信心不足，错失了很多机会。

5. 表达及写作能力较差。

O. 机会因素

1. 所学专业的前景被看好，有相对单一专业有更宽的就业面及更多的就业机会。

2. 中国入世，与世界的联系越来越密切，外向型人才，尤其是法律和英语都精通的人才紧缺。

3. 复合型人才稀缺。

T. 威胁因素

1. 法律行业竞争相当激烈，人才剧增，一些非本专业的人自学成才。

2. 随着大学生的学历普遍提高，加之研究生扩招，毕业后研究生可能贬值，就业形势仍然相当严峻。

SWOT 总结

通过对自身以及该行业的分析，得出了一些结论：在自己多来两年的时间里，要尽全力为自己的文化课打下扎实的基础。由于法学是一门博大精深的学科，我个人认为仅仅读完本科的阅读量及对法学的学科掌握程度远远不能满足社会上对于一个法学工作者的要求，所以决定在本科结束后继续深造。在以后的学习期间，严格按照分析上所书，针对自己的劣势加强改造，并充分发挥自己的内部优势，并利用对自己有利的外部条件。虽然外部的不利环境我自己没有能力逆转，但是我要尽量避开这些弱点，以避免产生不必要的麻烦。

五、择业选项，决策理由

我认为自己是一个冷静的女孩，能客观地看待一些问题而不掺杂任何个人感情色彩，能较快地抓住事情的本质，不断调整自己，相比较一些多愁善感的女生更适合从事法律方面的工作。而同时自己的性格又偏向好动，所以比较想整日端坐在书桌前，更喜欢忙碌一点的生活，这样从另一方面来说可以强迫自己去工作从而取得成绩。而律师这一职业多数时间需要四处采证，处于奔波状态，而又有一部分时间安安静静地研读相关材料。这个集动静一体的工作和我的偏外向而有时而内向的性格非常合拍。

也许跟家庭背景有关系，我出身于一个父母都是教师的知识分子家庭，所以尽管性格好动，但是受父母影响，自己已经习惯并且喜欢上有节奏、有规律的生活。律师是一个需要对自己所掌握的业务及实证信息进行整理加工的工作。它同时也要求作为一名律师能严格遵守职业道德规范，客观冷静地分析问题，按照法律法规工作。所以在日常生活中更要注意这方面能力的培养，争取对任何问题都做到公正公平，尽量克服个人好恶在判断中的障碍。

然而现在社会在以不可思议的速度发展着，21世纪真正稀缺的是人才，而社会对于人才的定义也随之发展，复合型人才越来越得到各大用人单位的青睐。而社会竞争的激烈性更说明了职业的变动性。这也就要求我们要掌握至少两种求生技能。如果因为以后我发现自己并不适合律师这一行业或者在这一行业并没有达到自己预期的成绩，那么我会坚决地选择转行，而第二次的职业选择我会选择从事外贸行业，做一名外贸人。随着全球经济一体化的逐渐加强，中国的经济对外的交流越来越广泛，有相当一部分国家开始意识到中国这个庞大的经济市场所能创造的惊人利润，所以中国的对外贸易发展相当迅速，这也在另一个侧面要求我国要培养出更多的贸易人才，这样才能在对外事务中处于优势地位。

尽管我现在和以后的专业或许不会选择对外贸易经济，然而我想这并不与我想从事外贸方面有任何的冲突。我的一位师兄同时也是我的亲戚，现在做某公司外贸部做经理，他曾经对我说，外贸做得好的人并不是因为你读书的时候学得这方面的理论知识比人家多，而是靠你的经验。能真正做好这一行的人是法学和外语都学得好的人。因为对外打交道，外语的重要自不必说；和其他国家和地区签署贸易合同更要求你有扎实的法律基础，这样才能保证合同的合法性，进而保证自己公司的盈利。至于经验则完全靠自己的实践经验增长。

我相信，中国在国际经济事务中会扮演一个影响力越来越大的角色，所以我坚信外贸业也会越来越兴盛，所以外贸方向的人才会将来会炙手可热。所以如果我真的进行二次择业的话，我会选择做一个外贸人。

六、未来人生职业规划

现在的我已经是步入大学后的第二个年头，根据自己这一年多来对自己专业的了解和对学习兴趣的分析，我大概确定了自己要主攻法学方向，但是作为以后生存的技能，英语这一工具学科不能看轻。围绕这两个方面，我大致做了如下的规划：

1. 2008～2011年：充分利用校园环境及自身的优势条件，认真学好专业知识，培养自己的工作能力和人际交往能力，全面提高自己的综合素质。

2. 完成的主要内容：提高自己的知识素养，考上研究生，熟练自己的专业技能，通过国家司法考试，以优良的成绩通过英语专业四级、八级考试，并在其中通过实习兼职等方式接触社会。

法学方面：认真对待自己在学校接受的每一门法律教育，尤其是主干课，分析自己的擅长方向，选择自己将来的考研和就业方向。

多多利用国家图书馆这一便利的资源查阅自己不懂的问题，多研读案例以培养自己的法律思维和法律敏感度。多向老师和学长、同学们请教，各科都取得优异的成绩，尽量都不低于85分。在大三之前制订出完美、严密的考研及司考计划，在大三上学期进行初期备战，并在大三下学期和大四上学期进行系统的准备，力求以优秀的成绩通过。

英语方面：从现在开始积极备战专业四级考试，每天早上晨读20分钟，晚上练习听力20分钟，增加词汇量，做专四的训练题增强题感，以争取在下学期的专业四级考试中获得优异的成绩。提高自己的口语水平，增强英语表达能力。

健康方面：合理饮食，不暴饮暴食，不节食。进行定期的体育锻炼，增强体质。

提高方面：利用好每一个寒暑假，特别是2009年的暑假，在此之前务必列出一个详尽的考研计划，为大三和大四的准备开辟一条道路，并在暑假中着手对过往的知识进行回顾和整合。

七、评估、调整、反馈和修正

1. 评估

一个优秀人才要具有天赋的才能、丰富的经验和全面综合的能力。除了一般的组织能力、领导能力、表达能力、自信心外，还必须具有以下能力：

（1）公正、忠信和坚定勇敢的意志力。

（2）对人性正确、全面地了解以及广博的知识。

（3）亲和力和优秀的人际关系处理技巧。

（4）职业能力。

2. 调整

根据各方面具体情况进行调整，使得自己发挥出个人的特长，使自己的职业生涯在调整中达到最优状态。

3. 反馈和修正

在实施职业目标的过程中，可能会遇到这样那样的风险，这就要求实现在职业目标过程中不断地自我反馈信息，并进行相应修正，以达到职业生涯的最优状态。

八、结束语

此上就是我的职业生涯规划，我已经在社会的大形势下对现状有一个比较清醒的认识，并为自己制订了符合自身状况的学习、工作计划，或许这个计划随着我个人阅历的增长会有所变化。但是我知道无论如何这条路并不好走，也许会有许多伴着眼泪的坎坷。但是我相信自己是正确的，我会一直走下去，我会通过奋斗到达胜利的彼岸。因为在职业场上重要的是你如何对待你自己的工作，而不是你做的是什么工作。

水无点滴的积累，难成大江河。

人无点滴的积累，难成大气候。

吃得苦中苦，方为人上人。

相信我通过努力，会有足够的恒心和毅力走向美丽！

我会微笑着等待着那个叫作"成功"的人来敲门！

四、学生职业生涯规划常见的问题和对策

职业技术院校的学生职业生涯规划是通过自我评估和环境因素的分析，结合职业理想与职业生涯的预期，在学校就业指导部门和相关人员的帮助下，规划在校学习、生活、工作，提高综合素质与就业竞争力，为未来的就业奠定良好的基础。"凡事预则立，不预则废"，职业技术院校的学生职业生涯规划也就是一个"预"的过程。学生们正处于职业探索和职业准备阶段，应该正确树立职业目标，认识自己，实现自我的准确定位，促进自己全面提高，实现动态"人—职"匹配。目前，我国不少职业技术院校都开设了就业指导

等相关课程，对学生进行职业生涯辅导也取得了一定的成效，但还有相当多的学生，在对自己的职业生涯进行规划时存在不少问题。

（一）规划意识淡薄

北森测评网、劳动和社会保障部劳动科学研究所和新浪网联合进行的网络调查结果显示，有33%的学生"先就业后择业"；16.3%的人"没有太多考虑"就"跟着感觉走"，选择了第一份工作。从中我们可以看出，有近半数的学生对职业生涯规划没有深刻理解，职业生涯规划的意识淡薄，没有针对个人的具体情况制订科学合理的职业规划，在就业过程中也缺少对个人职业生涯的设计。在毕业生中显然存在着较为严重的盲目择业现象，而近年来不断加大的就业压力更是加重了这种趋向。

（二）目标模糊、不切实际

我想要什么？我想成为什么样的人？能做什么？优势在哪里？这些问题看上去比较容易回答，但是每个人要说出社会需要、自己拥有而他人却没有的优势却不是一件容易的事。职业技术院校的学生制订的职业目标模糊，没有坚定的职业理想，则会为一时的风吹草动所左右，导致盲目从众，急于求成，不考虑自己的实际情况等不良后果，比如当前校园里盲目出现的考证热等。实际上制订目标偏高与偏低都难起到激励的作用，不利于自身的职业发展。因此，学生最好根据自己的专业知识做出职业规划，在假期走进社会，积累些工作经验以便尽早了解职业环境，了解社会。

（三）自我认知不足

学生们随着年龄的增长、知识的增加，自我意识和自我认知能力不断增强。然而自我认识往往还不全面，对事物的观察和思考容易理想化，心理并不完全成熟，不能正确地评价自己的优势与劣势，当所定的目标与现实相差太远就会产生自责、自怨、自卑的心理，就不能正视择业过程中的不合理现象，承受不起挫折和失败。在上述的调查中，仅有17.5%的人在择业的同时考虑了兴趣、爱好和未来的发展空间等因素。另外很多学生仍然存在"铁饭碗""精英就业""学而优则仕"等观念，这样的观念导致学生对自己缺乏准确的定位，往往高估自己，导致很难找到匹配的工作，经过多次失败的教训后，才实现了准确的定位，却失去了机会。

（四）职业准备不够

职业准备不仅包括良好的专业知识、健康体魄、健全的心理、面试与求职技巧、简历制作，还应该具有将知识转化为实践的技能等，这些都是职业准备的重要组成部分。只有做好了职业准备，才有可能在就业机会来临时抓住机遇；否则一旦失去了机会，就会后悔莫及。职业技术院校的学生在就业中出现的问题有许多是由于职业准备不够造成的，其中最明显的一点体现就是缺乏在校期间针对职业岗位的实践经历。由于缺少工作经验，学生们的求职简历千人一面，没有特色，更不会强调自己的优势和为什么适合这份工作。

（五）实践能力缺乏

虽然学生对职业生涯规划有所了解，许多人也制订了自己的职业生涯规划，但是很多学生并没有从实际行动中来为实现这些目标而努力。有的学生虽然可以拿出一大堆证书，但实际操作能力却相对薄弱；有的大学生选择了兼职，参加各种职业证书资格考试，但并没有与自己未来的职业联系起来，缺乏对理想职业的全面认识，从而也很难有针对性地锻炼并提高自己的实践能力。

五、改进职业技术院校学生职业生涯规划的对策

当前学生在进行职业生涯规划中普遍存在问题，这些问题的形成是多种因素共同作用的结果，我们必须积极采取对策改进学生职业生涯规划，这对改善学生就业状况和提高学校职业辅导水平有着非常重要的意义。针对上述问题，学生们应该从以下方面来进行改进：

（一）强化职业规划意识，科学规划职业生涯。

世界上没有最好的职业，只有最适合自己的职业，关键取决于你知道自己想要的是什么，你会不会选择适合自己生存的生态圈。只有通过职业生涯规划，你才能够确定符合自己兴趣与特长的生涯路线，正确设定自己的人生目标，运用科学的方法，采取有效的行动，使人生事业发展获得成功，实现自己的人生理想。因此职业技术院校的学生从进校开始，就应该把毕业时的就业压力变为整个在校学习阶段的学习动力。有了主体意识，就会有一种责任感和使命感，就会积极主动参加职业生涯规划的课程学习，阅读职业生涯规划的相关书籍及网络上的相关内容，增加自己的职业生涯规划知识，并多

与老师、同学交流，不断提高自己职业规划能力，科学合理地制订自己的职业生涯规划。

（二）提高自我认知水平，增强对生态圈的分析能力。

要提高自我认知水平，就需要对自我进行全面客观的分析与定位，也就是对自己进行全面分析，从而认识自己、了解自己，以便更准确地为自己定位，即弄清自己是谁，自己想要做什么，自己能做什么。在职业生涯规划中，生态圈是一个重要的概念，我们可以将其理解为个人职业发展的大环境，选择了适合自己的大环境，就像鱼儿入水一样，但是很多年轻人并没有意识到生态圈的重要性，而选择了不适合自己发展的生态圈，所以一生都没有太大的成就。生态圈为每个人提供了活动空间、发展条件和成功的机遇，在制订职业涯规划时，要分析环境的特点、环境的发展变化情况及趋势、个人与环境的关系、个人在环境中的地位、环境对个人的要求，以及环境中对自己有利与不利的因素等。通过对组织环境特别是组织发展战略、人力资源需求、晋升机会分析，以及对社会政治环境、经济环境等有关问题的分析与探讨，弄清环境对职业发展的作用及影响，以便更好地进行职业目标的规划与职业路线的选择。学生们要充分利用多种形式广泛搜集相关信息，增加对生态圈的了解，同时也要积极参加职业实践，通过实地锻炼来加强自己对职业的认知。

（三）提升自身综合素质，增强职业实践能力。

以职业目标为核心，通过有意识的实践活动，尽快使职业规划与实际行动结合起来，在实践中，提升自身综合素质，构建促进自己职业发展的知识结构，并将知识结构通过实践组成自己独特的合理的能力结构。学习的真正目的在于提升自身的能力与素质。职业技术院校的学生通过模拟职业环境、社会调查、企业实习等方式，获得职业体验，切身感受职业工作环境及面临的各种实际问题，真实地了解职业的性质及职业活动中的人际关系及企业文化，及时发现自己的不足。用人单位选择学生的依据是学生的综合能力和知识面。用人单位不仅考核其专业知识和技能，而且还考核其综合运用知识的能力、对环境的适应能力、对文化的整合能力和实际的操作能力等。从某种意义上说，能力比知识更重要，学生们只有将合理的知识结构和适用社会需要的各种能力统一起来，才能立于不败之地，才能增强自己的竞争能力，在竞争激烈的就业市场中找到一份适合自己的工作。

行动：实操小演练

一、按照以下顺序如实填写，以完成职业生涯规划的第一个步骤：

个人基本情况：

_____

职业兴趣——我喜欢做什么？

_____

职业性格——我适合干什么？

_____

职业价值观——我最看重什么？

_____

职业胜任能力——我能够干什么？

_____

二、请按照自己的想法和兴趣做一份简单的职业生涯规划书。

第五章　求职行动

案例故事：

6月10日上午9点30分，刘晓接到同学小贾的电话，告诉他某单位上午9点30分来学校就业指导大厅面试，招他们所学专业的。刘晓听完电话，一骨碌从床上爬起来，从桌子上抓起一份简历，来不及梳理一下头发和换上一套整齐的衣服，就匆忙跑到面试地点，正赶上招聘单位在收取学生的应聘资料，并进行简单的面试。刘晓递交材料后，单位招聘人员看了看刘晓和他的材料，开始了他们之间的对话：

问：你是如何知道我们的招聘信息的？

答：同学刚刚通知的。

问：一个星期以前我们在贵校的校园网上发布了招聘信息，你没看到吗？

答：没有，我们平时上宽带，很少登录校园网。

问：你的求职资料里面的求职意向和我们这次招聘的岗位不是很相符。

答：没有关系，只要是我这个专业的，我都可以考虑。

问：那你对所应聘的岗位有所了解吗？

答：不是很了解，不过我想我能胜任的。

……

结束了问答，招聘人员委婉地告诉刘晓，他被淘汰了。

【案例分析】

刘晓不能及时了解招聘信息，对招聘单位一无所知，做事被动，缺乏诚意，因此被淘汰。

第一节　求职简历的制作

目标：

对于每一位即将毕业的学生来说，选择一份理想的职业是至关重要的。简历是毕业生敲开用人单位大门的敲门砖，一封高水平的求职信和个人简历，可以让你顺利闯过求职的第一关。毕业生在求职择业的过程中，要掌握制作简历的技巧，精心准备，为自己赢得面试机会。

通过本节学习和训练，你能够做到：

（1）做好求职材料的准备工作。

（2）学会制作求职简历。

任务：

在制作简历之前，要先确定自己的求职意向，并要充分了解所求职位的岗位要求，有助于我们有针对性地去写简历。我们要通过"简"而有"力"的措辞，恰如其分的排版，在一页到两页纸的内容内，向 HR 展示最优秀的自己。

案例故事：

一份只有一页的简历，没有塑料封皮包装，也没有精美花哨的设计，重庆大学自动化专业大四学生吴芳芳的简历显得很单薄，只有一页，总共 768 个字。但是她投出去的 20 多份简历全部都有回应。

这份简历内容很全面，共分七块：个人概况、教育背景、个人技能、所获证书、在校工作经历、社会工作经历和自我评价。每块之间，都有红色直线作为分割线，描述言简意赅。除了个人概况和教育背景，每一部分的说明都只有 3~4 条。

就是这样一份只有一页的简历，让她通过了华为、腾讯、联想、中国移动、三星、TCL 等全国著名公司的简历关。

吴芳芳从 9 月就开始制作简历，"等到 10 月、11 月招聘会高峰期到来时才去制作简历，你就比别人晚了一步。提前做好就有充足的时间修改完善"。每投出一份简历之前，吴芳芳都要仔细对照所投公司和岗位的要求，对部分内容作出修改。要突出自己的能力，有侧重点。如果你投的是技术岗，肯定专业课成绩和软件操作更重要一些；如果是管理岗，你要突出相关的实习经历。千篇一律肯定不行，最好对症下药。

吴芳芳的成绩并不是年级里最好的，她有个同学大学期间曾赴日本做项目，活动也参加很多，无奈专业课成绩不够优秀。吴芳芳与他一同投三星，但他的简历没通过。吴芳芳说："他的简历写得东西比我多，但是不少都跟岗位没有什么关系。"

【案例分析】

一些公司的 HR，特别是知名公司的 HR，每天要浏览那么多份简历，怎么可能有时间把每份简历都仔细看完，因此，在制作简历时要用心打造，言简意赅，突出亮点。应聘简历一般 1~2 页就足够。制作简历要注意细节，针对不同的岗位作出不同的调整。

在求职过程中求职者总是希望自己能在众多的竞争者中脱颖而出，而精心准备的求职材料将成为求职者成功应聘的"敲门砖"。求职信和个人简历是求职材料中最重要的两个内容，是目前毕业生求职时常用的主要手段，在求职择业中起着举足轻重的作用。

一、求职信

（一）求职信的概念

求职信是求职者写给用人单位的信，目的是让对方了解自己、相信自己、录用自己，它是一种私人对公并有求于公的信函。

（二）求职信的结构

1. 标题

求职信的标题通常只有文种名称，即在第一行中间写上"求职信"三个字。

2. 称谓

称谓是对受信人的称呼，求职信不同于一般私人书信，受信人未曾见过面，所以称谓要恰当，郑重其事。称谓写在第一行，要顶格写受信者单位名称或个人姓名。单位名称后可加"负责同志"；个人姓名后可加"先生""女士""同志"等。在称谓后写冒号。

3. 正文

正文要另起一行，空两格开始写求职信的内容。正文部分是求职信的重点，内容较多，要分段写。要简明扼要并有针对性地概述自己，突出自己的特点，并努力使自己的描述与所聘职位要求一致，切勿夸大其词或不着边际。许多简历中的具体内容不应在求职信中重复。尽可能地少用人称代词"我"，要让人感觉你想表达的是"我怎样才能帮你"。

第一，写求职的原因。首先简要介绍求职者的自然情况，如：姓名、年龄、性别等。接着要直截了当地说明从何渠道得到有关信息，以及写此信的目的。这段是正文的开端，也是求职的开始，介绍有关情况要简明扼要，对所求的职务，态度要明朗。而且要吸引受信者有兴趣将你的信读下去，因此开头要有吸引力。

第二，对所谋求的职务的看法以及对自己的能力要进行客观公允的评价，这是求职的关键。要着重介绍自己应聘的有利条件，要特别突出自己的优势和"闪光点"，以使对方信服。写这段内容，语言要中肯，恰到好处；态度要谦虚诚恳，不卑不亢。达到见字如见其人的效果。要给受信者留下深刻印象，进而相信求职者有能力胜任此项工作。这段文字要有说服力。

第三，提出希望和要求，向受信者提出希望和要求。如："希望您能为我安排一个与您见面的机会"，或"盼望您的答复"，或"敬候佳音"之类的语言。这段属于信的内容的收尾阶段，要适可而止，不要啰唆，不要苛求对方。

4. 结尾

另起一行，空两格，写表示敬祝的话。如：此致之类的词，然后换行顶格写"敬礼"或祝"工作顺利""事业发达"等相应词语。这两行均不点标点符号，不必过多寒暄，以免画蛇添足。

5. 落款

落款处要写上"自荐人：某某"的字样，并标注规范体的年、月、日。如果是打印件，署名处要留空，由求职人亲笔签名，以示郑重和敬意。

6. 附件

有说服力的附件是对求职者的鉴定的凭证。所以求职信的附件是不可忽视的组成部分。

附件可在信的结尾处注明。将附件的复印件单独订在一起随信寄出。附件不需太多，但必须有分量，足以证明你的才华和能力。

（三）求职信的撰写原则

1. 语气自然

语言和句子要简单明了。写信就像说话一样，语气可以正式但不能僵硬。语言直截了当，不要依靠词典。

2. 通俗易懂

写作要考虑读者对象的知识背景，不要使用生僻词语、专业术语。

3. 言简意赅

在重点突出、内容完整的前提下，尽可能简明扼要，切忌面面俱到。

4. 具体明确

不要使用模糊、笼统的字眼；多使用实例、数字等具体的说明。

二、简历撰写示例

个人简历是用于应聘的书面交流材料，它向未来的雇主表明你拥有能够满足特定工作要求的技能、态度、资质和资信。一份内容充实而又富有个性吸引眼球的简历，是获取面试机会的敲门砖。

三、简历设计原则

（一）清晰性原则

简历要便于阅读。就像是制作一份平面广告作品一样，简历排版时需要综合考虑字体大小、行和段的间距、排版设计等因素。标准简历一般不超过两页纸。

（二）真实性原则

简历提供的个人信息要真实、准确。阐述个人经验、能力不夸大，不误导。简历所描述的个人能力与本人实际工作水平相同。

（三）针对性原则

欲求职位要求你具备相关行业经验和良好的业绩，你要在简历中清楚地陈述相关经历和事实，且把它们放在突出的位置，这就是针对性。不仅是简历，在写求职信和感谢信时，有的放矢极为重要。越是针对性强的简历越容易受到认可。每个求职者，都必须为特定企业、特定职位，"量职打造"简历，一份简历打天下的时代已不存在。也就是说，在写简历之前你要先决定自己的求职方向。分析出自己的优势及弱点，然后再选择目标企业及职位，并且要对目标企业及职位需求情况有所了解。

（四）准确性原则

一份好的简历必须在用词、术语及撰写制作上准确无误。撰写时，要对底稿反复修改、斟酌，检查没有任何错误后，再打印出来。

（五）电脑制作

最好在电脑上写个人简历，使用高质量的纸打印。用电脑制作并打印出来的简历清晰、工整、美观。

四、简历的主要内容

简历并没有固定格式，对于社会经历较少的大学毕业生，一般包括个人基本资料、教育经历、所获奖励、工作经历、个人能力等几个方面。

（一）个人基本资料

包括姓名、性别、年龄、民族、籍贯、出生日期、政治面貌、毕业院校、专业、学历、联系方式（手机号码、电子邮箱、通讯地址、邮编）等。其中特别要注意手机号码必须正确，而且是可以接听的，固定电话要注明区号，否则可能丢失宝贵的面试机会。

（二）教育经历

教育经历是反映求职者受教育的情况，一般只写在大学期间的情况，采用倒叙的方式列出受教育的经历，包括毕业院校、所学专业、主修专业课程、学历等。

（三）所获奖励

在学校期间的各类奖励（特别是与你所申请的职位相关的），包括奖学金和各种荣誉。可以在简历附件中提供各类证书、奖状的复印件。

（四）工作经历

这是简历的主要部分。在学校期间担任的社会工作、职务、参加的社会活动、实习、兼职的经历。这部分是用人单位很关心的，要突出描述你的工作能力，特别是与应聘单位相关的能力和实践机会要指出。描述时注意逻辑

性要强，文字尽量简洁、明了、准确，应该突出体现你的技能，并写出你的求职意愿等。

（五）个人能力

个人能力是专业知识和社会经历的有力补充，是反映求职者综合素质的重要组成部分，包括外语能力和计算机能力，以及其他对自己求职有利的技能和关键技术。

五、个人简历类型

（一）时间型简历

它强调的是求职者的工作经历，大多数应届毕业生都没有参加过工作，更谈不上工作经历了，所以，这种类型的简历不适合毕业生使用。

（二）功能型简历

这种简历强调曾经工作的种类（功能）、能力和特长，不注重工作经历，而不含任何特别的时间顺序。功能式简历的主要优点是突出自己的实际成就，引起招聘者的注意。其缺点是招聘者不得不排出他们自己推算的顺序，这种简历一般适合那些已有一定工作经验的应聘者，不太适合刚刚毕业的学生。

（三）专业型简历

它强调的是求职者的专业、技术技能，比较适用于毕业生，尤其是申请那些对技术水平和专业能力要求比较高的职位，这种简历最合适。

（四）业绩型简历

它强调的是求职者在以前的工作中取得过什么成就、业绩，对于没有工作经历的应届毕业生来说，这种类型的简历不适合。

（五）创意型简历

这种类型的简历强调的是与众不同的个性和标新立异，目的是表现求职者的创造力和想像力。这种类型的简历不是每个人都适用，它适合于广告策划、文案、美术设计、从事方向性研究的研发人员等职位，而对银行业、商业、交通运输业和制造业等职业不太适用。

行动：

为自己制作一份个人简历。

提示：

1. 先根据自己的求职意向写一份求职信。

2. 再为自己量体打造一份简明扼要的个人简历。

评估：

让你的老师和同学作为招聘人员，并请他们给你的个人简历作出评价。

评估内容：

1. 求职信格式正确，语言用词得当，言辞恳切。

2. 个人简历简明扼要，符合所求职位的描述和要求。

第二节　求职礼仪

目标：

面试是成功求职的临门一脚。面试不仅可以考核应聘者的知识水平，而且可以面对面地观察应聘者的仪表、气质、口才、应变能力等综合能力。面试时，在礼仪方面的表现会给用人单位留下深刻的印象。因此，毕业生应掌握一些必要的求职礼仪，让自己顺利通过面试关。

通过本节训练，你将能够：

1. 做好面试前准备工作。

2. 学习并掌握面试中的必要礼仪。

任务：

面试是用人单位对应聘者进行选拔而采取的诸多方式中的一种，也是应聘者取得求职成功的关键一步。在整个应聘过程中，面试是最具有决定性的一环。面试是求职者展示自身素质、能力、品质的最好时机，面试发挥出色，可弥补其他方面所带来的缺陷。因此，求职前要做好充分的准备，要很好地掌握面试的技巧与相关的礼仪知识，为自己的面试加分。

案例故事：

穿着张扬让人惊

小杨是某职业技术院校的毕业生，专业对路，成绩优良，在厚厚的应聘材料中脱颖而出，进入面试名单。但她面试时，穿着过于新潮：鲜艳的短上衣、破旧的低腰裤，很夸张地带着热带风情的大耳环，一进门就让由高级工程师组成的考官们一愣，考官们没问几个问题，就结束了面试，结果当然是她被淘汰出局。

【案例分析】

小杨的穿着，给招聘官留下了"华而不实、喜欢张扬"的第一印象，她未被录用是很自然的。

面试，就是用人单位安排的对求职者的当面考核。面试是求职过程中最重要的一个环节，是其他求职形式永远无法代替的，因为在人与人的信息交流形式中，面谈是最有效的。在面谈中，面试官对求职者的了解，语言交流只占30%的比例，眼神交流和面试者的气质、形象、身体语言占了绝大部分，所以求职者在面试时不仅要注意自己的外表及谈吐，而且要注意避免谈话时做出很多下意识的小动作和姿态。所以，了解一些求职特别是面试的礼仪，是求职者迈向成功的第一步。

一、面试前的准备

（一）物品准备

求职应聘前应准备好公文包、多份打印好的简历、记事本、身份证、照片、技能等级证书、各种奖励证书的正本及复印件等材料。所有准备好的文件都应该平整条理地放在一个牛皮纸的信封里，方便携带并随时取用。

（二）对自己准确定位

检查自己是否具有所求职位必备的条件。有些行业、职业在学历、能力、年龄、性别等各方面都有一定的要求和限制。事先核查自己的条件是否符合所求职位，不要存在着碰运气的念头，这是对己、对人认真负责的态度，于己于人都有利。

（三）了解面试单位的情况

面试前，毕业生最好通过网络检索、咨询等方式，事先了解一些单位背景。具体了解的问题可包括：单位所在国家背景、单位所处整体行业情况、单位的组织结构。若有可能最好再多了解些这个单位的人事情况。这样做就是让面试官感觉求职者是经过认真研究本单位的情况后来面试的，求职是有诚意的，是经过认真考虑的，这样求职者在面试中就会赢得面试官的好感。

如果可能的话，弄清主试者或约谈者的姓名，并且要能正确地说出他们的姓氏。

（四）面试的着装准备

服饰与仪表在面试中起着非常重要的作用。面试时，求职者要注意自己面试着装以及在面试中的仪表、仪容问题，务必做到仪表大方、举止得体，与所应聘岗位的身份相符合，给面试人员留下大方、干练的良好印象。

1. 服装

应聘是正式场合，着装应该较为正式，要有涵养、职业化，不要穿奇装异服。男士参加面试所穿的西服、衬衫、裤子、皮鞋、袜子都不宜给人以崭新发亮的感觉，但也要注意整洁大方，不可邋遢，不可修饰过分。女性在面试着装上自由度相对较大，可以选择裤装或裙装套装，但如果着裙装，裙子下摆请至少在膝盖以上 5 厘米处。无论是男装或女装，对质料要略有讲究。好的面料可以使剪裁立体的服装更加合身、相得益彰。合乎自身形象的着装会给人以干净利落、有专业精神的印象，男生应显得干练大方，女生应显得庄重高雅。

2. 妆容

无论男士还是女士，应聘时都应重视妆容的整洁和适度。男士理好头发，剃好胡须，应注意脸部的清洁。女士忌浓妆艳抹，忌喷洒过浓的香水，妆容应简洁大方、亲切自然，符合行业要求。

二、面试基本礼仪

（一）遵守时间，不要迟到

遵守时间，按时到达面试现场是应聘最起码的礼貌，是求职者给予应聘单位的第一印象，因此参加面试应提前 5~10 分钟到达面试地点，以表示求职的诚意，给对方以可信任感。

（二）注重礼仪，礼貌自然

来到用人单位，先要轻轻敲门，得到回应后，再推门进入，开关门动作要轻，以从容、自然为好。进门后要主动向屋内的人打招呼，称呼应当得体，尽量使你与面试人员之间产生一种和谐的气氛，从而消除你的紧张感。在面试人员未坐下或未让你坐下时，不要急于坐下，等面试人员让你坐下时，先说"谢谢"后，再慢慢入座。若屋内还有其他求职者，入座时应适当地表示谦让。面试人员没有伸手与你握手，不要主动伸出手，坐下后保持良好坐姿。

　　求职者在面试场内不得太过随便，也不要过于拘谨，或站或坐都要大方得体。站立时要挺直如松，就座时应端庄文雅，走路时应步伐矫健，给人一种朝气蓬勃、奋发向上的感觉。微笑是人类最美的语言，从面试开始到面试结束，求职者应自始至终都保持微笑。哪怕知道自己求职失败，也应微笑地与考官告别致意。

　　（三）谦虚谨慎，理智应对

　　谦虚是一种美德。面试时，多用礼貌用语，称呼对方用尊称，征询意见应该尽量使用谦虚而有礼貌的方式。如果面试官有两位以上时，回答谁的问题，你的目光就应注视谁，并应适时地环顾其他面试官以表示你对他们的尊重。谈话时眼睛要适时地注意对方，不要东张西望，显得漫不经心，也不要眼皮低望，显得缺乏自信。面试过程中，与考官交流时，千万不要傲气十足，哪怕与面试官意见不合，最好也别争论，更别让对方难堪。

　　（四）结束面试，礼貌告退

　　面试结束离去时，应询问"请问还有什么要问的吗？"得到允许之后应微笑起立，道谢并说"再见"。如果对方当场表态可以接收你，要向对方表示感谢，并表示今后好好工作，为单位的发展尽心尽力。

　　总之，整洁得体的仪表，自然大方的谈吐，文明礼貌的举止，热情真诚的态度会给对方留下良好的印象，这往往就是成功的一半。

三、面试结束后的礼仪

　　（一）表示感谢

　　面试后表示感谢是十分重要的，因为这不仅是礼貌之举，也会使主考官在作决定时对你有印象。因此，为了加深招聘人员对你的印象，增大求职成功的可能性，面试后的两三天内，最好给主考官打个电话或写封信表示感谢。感谢电话要简短，最好不要超过5分钟。感谢信要简洁，最好不超过一页。

　　（二）询问结果

　　一般来说，你如果在面试两周后或在主考官许诺的通知时间到了，还没有收到对方的答复时，就应该写信或打电话给招聘单位或主考官，询问是否已作出决定。

（三）接受录取通知

作为一个求职者，在经历过数日的奔波和多次面试之后，收到公司的录用通知是一件喜事，值得好好放松一下。但同时还有一件事情要求你认真面对：了解公司、了解工作岗位。这样，在正式入职开展工作时就会顺畅很多。

（四）整理好心情，再次冲刺

面试回来后，你已经完成一次面试，但这只是完成一个阶段。如果你向几家公司求职，则必须收拾心情，全身心投入应付第二家的面试，因为，未有聘书之前，仍未算成功，你不应放弃其他机会。应聘中不可能个个都是成功者，万一竞争失败也不要气馁，总结经验教训，找出失败的原因，并针对这些不足重新做准备，才能吃一堑，长一智，成功就业。

行动：

与自己的同桌搭档，一人当面试官，一人当应聘者，模拟一次面试。

提示：

1. 先要充分了解所求职位的岗位要求。

2. 模拟面试过程，作为应聘者在模拟过程中注意自身礼仪是否恰当，模拟完后可以和同桌交流，作为面试官时，可以注意观察应聘者的表现，模拟完后两人共同交流提高。

评估：

两人一组，一人做面试官，一人做应聘者，模拟面试。

评估内容：

1. 对自己所求岗位是否真正的了解。

2. 服装是否合乎岗位需求，如果不合适，应该如何穿着。

3. 面试礼仪是否表现得当。

第三节　面试技巧

目标：

面试是你整个求职过程中最重要的阶段。成败均决定于你面试时的短短一瞬间的表现。在面试过程中，与人交谈的技巧非常重要，对于相同的题目，不同的回答方式和交流方式，效果截然不同。因此多了解一些面试技巧是非常重要的。

通过本节训练，你能够做到：

（1）学会巧妙地回答问题。

（2）恰当地向面试官提问，以加深对岗位的了解，并给面试官留下较深刻印象。

任务

面试是一种考查活动，即在特定场景中以面对面交谈与观察为主要手段，来测试和评价应试者的能力素质，它是对应聘者能否胜任拟聘岗位的综合素质进行探寻与判断的关键阶段。那么面试有哪些技巧和注意事项，面试时经常提到哪些问题，这些问题又应如何有技巧的回答，本节的学习将会给你积极的指导。

案例故事：

说法不同，效果不同

在青岛某单位组织的一次面试中，面试官先后向两位求职者提出了同样的问题："我们单位是山东省著名的大公司，下面有很多子公司，凡是被录用的人员都要到基层去锻炼。基层条件比较艰苦，请问你们是否有思想准备？"求职者小陈说："吃苦对我来说不成问题，因为我从小在农村长大，我很乐意到基层去。而且我认为，只有在基层才能积累丰富的工作经验，为今后的发展打下基础。"求职者小李说："到基层锻炼我觉得很有必要，我会尽一切努力克服困难，好好工作。但作为年轻人，总希望有更大的发展机会，不知道贵公司安排我们到基层的时间多长？还有可能上来吗？"后来小陈被录用了，而小李则被淘汰了。

【案例分析】

在面试过程中，回答问题的技巧非常重要。对于相同的问题，不同的回答方式，效果截然不同。用人单位主要考察求职者对问题本身的态度，进而了解对职业的态度。显然小李对下基层思想上明显有顾虑，尽管这是人之常情，但面试时提出则很不适宜。

面试过程中，考官会向应聘者发问，而应聘者的回答将成为考官考虑是否接受他的重要依据。求职者需要掌握一些应对技巧，以做到处变不惊。

一、面试常见问题应答技巧

在面试过程中，回答问题的技巧非常重要。对于相同的问题，不同的回答方式，效果截然不同。下面对大学生求职面试中经常遇到的问题作一些分析。

问题1：请你介绍一下你自己。

回答提示：自我介绍是面试的必考题目。一般人回答这个问题过于平常，只说姓名、年龄、爱好、工作经验，这些在简历上都有。其实，面试官最希望知道的是求职者能否胜任工作，包括：最强的技能、最深入研究的知识领域、个性中最积极的部分、做过的最成功的事，主要的成就等，这些都可以和学习无关，也可以和学习有关，但要突出积极的个性和做事的能力，说得合情合理面试官才会相信。

问题2：你有哪些主要的优点？

回答提示：该题测试求职者能否客观分析自己，并了解其表达与组织能力。除个人说法外，加上亲友师长的观点可增加说服力，应避免抽象的陈述，而以具体的体验及自我反省为主，使内容更具吸引力。而且面试之前，应了解自己拟应聘岗位的职责和素质要求，有的岗位要求的素质是"独立工作能力强"，有的是"具有团结协作的精神"，有的是"成熟稳重"，有的则是"具有开拓进取的精神"等，在回答时就要视具体情况把你的优点告诉面试官。

问题3：说说你最大的缺点。

回答提示：这个问题面试时问的概率很大，通常不希望听到直接回答缺点是什么。绝对不要自作聪明地回答"我最大的缺点是过于追求完美"，有的人以为这样回答会显得自己比较出色，但事实上，这并不会赢得面试官的好感。面试官喜欢求职者从自己的优点说起，中间加一些小缺点，最后再把问题转回到优点上，突出优点的部分，面试官喜欢聪明的求职者。

问题4：你对加班的有什么看法？

回答提示：实际上好多面试官问这个问题，并不证明一定要加班，只是想测试你是否愿意为公司奉献。可以这样回答，"如果是工作需要我会义不容辞加班，我现在单身，没有任何家庭负担，可以全身心地投入工作。但同时，我也会提高工作效率，减少不必要的加班"。

问题5：五年的时间内你的职业规划。

回答提示：这是每一个应聘者都不希望被问到的问题，但是几乎每个人都会被提问，比较多的答案是"管理者"。但是近几年来，许多公司都已经建立了专门的技术途径。这些工作地位往往被称作"顾问""参议技师"或"高级软件工程师"，等等。当然，说出其他一些你感兴趣的职位也是可以的，比如产品销售部经理、生产部经理等一些与你的专业有相关背景的工作。要知道，面试官总是喜欢有进取心的应聘者，此时如果说"不知道"，或许就会使你丧失一个好机会。最普通的回答应该是"我准备在技术领域有所作为"或"我希望能按照公司的管理思路发展"。

问题6：你朋友对你的评价。

回答提示：想从侧面了解一下你的性格及与人相处的问题。可以这样回答："我的朋友都说我是一个可以信赖的人。因为，我一旦答应别人的事情，就一定会做到。如果我做不到，我就不会轻易许诺。"或者"我觉得我是一个比较随和的人，与不同的人都可以友好相处。在我与人相处时，我总是能站在别人的角度考虑问题"。回答应真诚得体，扬长避短，突出自己的优点与长处。

问题7：请说出你选择这份工作的动机。

回答提示：这是想知道面试者对这份工作的热忱及理解度，并筛选因一时兴起而来应试的人，如果是无经验者，可以强调"就算工种不同，也希望有机会发挥之前的经验"。

问题8：你的业余爱好是什么？

回答提示：这个问题看似简单，但往往有更深一层的意义，你的业余爱好是否有助于你的工作，你的娱乐活动是否会干扰你的正常工作。如果告诉考官没什么业余爱好，那么他可能认为你是缺乏情趣和格调的人。但过于倾慕业余生活的人，也会有太爱吃喝玩乐而不务正业的嫌疑。在回答这类问题时，既要显示自己的情调与修养，又能展现自己的事业心，以此为原则说明实际的情况。

问题9：说说你的家庭情况。

回答提示：面试时询问家庭问题不是非要知道求职者家庭的情况，探究隐私，考官不喜欢探究个人隐私，而是要了解家庭背景对求职者的塑造和影响。企业希望听到的重点也在于家庭对求职者的积极影响。企业最喜欢听到的是：**我很爱我的家庭，我的家庭一向很和睦，虽然我的父亲和母亲都是普通人，但是从小，我就看到我父亲起早贪黑，每天工作特别勤劳，他的行动无形中培养了我认真负责的态度和勤劳的精神。我母亲为人善良，对人热情，特别乐于助人，所以在单位人缘很好，她的一言一行也一直在教导我做人的道理。考官相信，和睦的家庭关系对一个人的成长有潜移默化的影响。**

问题10：就你申请的这个职位而言，你认为你还欠缺什么？

回答提示：考官喜欢问求职者弱点，但精明的求职者一般不直接回答。他们希望看到这样的求职者：继续重复自己的优势，然后说："对于这个职位和我的能力来说，我相信自己是可以胜任的，只是缺乏经验，这个问题我想我可以进入公司以后以最短的时间来解决，我的学习能力很强，我相信可以很快融入公司的企业文化，进入工作状态。"企业喜欢能够巧妙地躲过难题的求职者。

问题11：为什么选择我们这家公司？

回答提示：去面试前先做功课，了解一下该公司的背景，让对方觉得你真的很有心想得到这份工作，而不只是探探路。可以这样回答，"曾经在报纸、杂志上看过关于贵公司的报道，与自己所追求的理念一致。而贵公司在业界的成绩也是有目共睹的，而且对员工的培训、升迁等也都很多，如果有机会，我很愿意加入到贵公司来"。

问题12：你还有什么问题要问吗？

回答提示：考官的这个问题看上去可有可无，其实很关键，考官不喜欢说"没问题"的人，也不喜欢求职者问个人福利之类的问题，因为其很注重员工的个性和创新能力。如果有人这样问：贵公司对新入公司的员工有没有什么培训项目，我可以参加吗？或者说贵公司的晋升机制是什么样的？考官会很欢迎，因为这体现出你对学习的热情、对公司的忠诚度，以及你的上进心。

二、提问的语言技巧

面试快要结束时，考官都会问你有什么问题要问，这个时候千万不要放松。不少求职者为了表示谦恭，会非常爽快回答"没有"，其实这样回答考官

往往不太满意。考官会觉得你对这份工作不是很感兴趣或者思考得不多。因此，求职者要珍惜提问的机会，不仅要敢于提问，还要善于提问。

要切记，你提问题是为了告诉他你非常渴望得到这份工作，已经思考了不少，同时希望了解更多，而不是为了难倒考官，或者告诉考官你有多聪明。因此这个时候你的目标是"双赢"：提出一个既能让面试官对你有好感，同时面试官也很愿意回答你的问题，这是最合适的。

那么求职者可以从哪几个方面提问呢？以下给出几个具体的实例供大家参考。

问题1：请问贵公司最成功的员工为公司作出了什么样的贡献？

分析：其实提出这个问题的主要目的是在于了解该公司的优秀员工主要具备哪些优秀品质。而对于面试官来说，他会认为能够提出这样的问题的人应该是志在成为公司最优秀的员工之一。你也可以通过这个问题强调自己身上相关的专业技能和曾经作出的成绩。这个问题的答案还会让你对该公司的企业文化有所了解，并对这个职位是否适合你作出一定的判断。

问题2：如何评估自己在三个月试用期内的工作表现？何种标准算成功？

分析：上进心的求职者一定会非常渴望能够马上开展工作，而这个问题就会让面试官将你归入到这样的员工中。同样，这个问题也会帮你揭示你所应聘的这家公司的做事风格。如果公司对试用期内的员工有不切实际的要求和期望，那么在六个月后公司又会对这位员工提出什么样的要求呢？所以，请务必弄清这个问题的答案，并谨慎对待抛出橄榄枝的公司。

问题3：在试用期期间，该职位遇到的最大的挑战是什么？

分析：在最初几个月的工作中，潜在的难题和挑战也许会让你无法完成既定的目标，所以你得对这些挑战有所了解并提前做好准备。与此同时，面试官也会认为能够提出这个问题的应聘者一定那种对成功志在必得的人。而且面试官也许会利用这个机会告诉你公司内部冲突的一些真相，你就会对该公司的企业文化有更进一步的洞悉。

问题4：贵公司是如何鼓励老员工的？

分析：这也是个能挖出细节信息的好问题。"因为人人都想知道新公司会怎样对待员工"，也想知道这家公司是否重视鼓舞员工士气。

问题5：您对于这份工作最喜欢的部分在哪里？以及对于这家公司，您最喜欢哪一点？

分析：通常来说，绝大部分人喜欢谈论自己。因此，这个问题能让你的面试官活跃起来。它同样也能提供关键信息，以帮你参考自己是否能快乐地和面前的考官及这家公司工作。如果面试官的答案让你变得开心而激动，那么你可以在接下来的面试部分好好表现自己；假如这个答案让你反应平平，那么也许你该仔细考虑一下是否真想在这个公司投资你的未来了。

问题6：我愿意参与团队合作、进行头脑风暴以帮团队达成共同目标。您可以给我举一个公司中团队合作的实例吗？

分析：对于热衷团队合作的人来说，这是个极棒的问题。它不仅显示出你对于公司的价值，更讨论了有关公司文化的实质性问题。

在提问时也有一些不太合适的话题，在面试时应注意避免：

1. 薪资待遇

企业的薪水待遇和福利措施等，毫无疑问是大家最关心的问题，但却不适合在"最后一问"中提出。若岗位工资固定，有时面试官会在面试过程中有所透露；若工资随个人表现而变化，那在初次面试中早早提出薪资要求，应聘者就失去了先机。所以，如果面试官没有主动提及，此类问题不适合提出。

2. 过于高深的问题

不要把自己想象成记者！如果你不是应聘高管，就不要提出那些连面试官都难以招架的问题。所谓"在其位，谋其职"，毕竟面试官考量的是应聘者的关注点和兴趣是否适合应聘岗位。太过高深的问题，不仅不能让你从中获益，甚至会让面试官认为你好高骛远，引起他的反感。

3. 超出应聘岗位的问题

刚毕业或尚未毕业的大学生，在求职过程中，或由于职业方向不确定，或抱着对新鲜事物踊跃尝试的心态，对不同岗位都跃跃欲试。这本没有错，但在面试中过多地表现出对非应聘岗位的兴趣，就不太合适了。这会让面试官以为你对应聘岗位本身并没有兴趣，反而顾此失彼。

三、面试注意事项

（一）不够诚实和不懂装懂

几乎所有企业都希望招聘到具有诚实精神、美好品德的大学生。因此，在接受面试时千万不要试图对"明察秋毫"的 HR 经理说谎。据介绍，不少毕业生在接受面试时，由于迫切希望得到眼前的这份工作，通常很容易犯下"不懂装懂""故意隐瞒自己的缺点"或"夸大自身优点"的错误。如一些毕业生可能会在求职简历、描述自己的能力过程中夸夸其谈，或违背事实地强调自己在某项社会实践活动中处于"主导地位"。

（二）简历有错别字

要知道错别字是千万不能够在个人简历中出现的。在个人简历中出现了错别字，公司看到会怎么想？一份小小的个人简历上面都会出现那么多的错别字，那么在工作中呢？那么重要的一份工作如果交给了你，岂不是要出现更多的错误？这样一来就会给用人单位留下很多坏印象，那么想要得到这份工作的话就更加困难了。

（三）着装举止不得体

大学生在接受面试时，谈吐、穿戴的得体和落落大方，将非常有助于给 HR 经理留下美好的印象，大大地提高自己的求职成功率。

（四）开口就问薪水多少

"还没跨进企业的门槛，就不切实际地开口谈待遇。"对于这种心态比较浮躁的大学生，最终得到"录取通知单"的可能性几乎为零。尤其是民营企业，对于这种大学生更为反感。

（五）打听熟人

有的求职者想走"后门"，面试中急于套近乎，不顾场合地说"我认识你们的经理"，"我和你们的某某领导是老乡"等。这种话考官听了会反感。如果你说的那个人是他的顶头上司，他会觉得你在以势压人，如果考官和那个人关系不怎么好，甚至有矛盾，那么面试的气氛会更加紧张，对你更加不利。

（六）与考官较劲

求职者要尽量避免同考官争论。有些考官为了考察应聘者的性格，故意制造一些争论问题，如考你一个知识性问题，即使你答对了仍说你错了，但应聘者仍需表现得沉着冷静，避免争论和反驳。

拓展阅读:

大学生就业心理的自我调适

就业本身就是我们认识和适应社会的一个过程,在求职过程中遇到困难,甚至经过几次挫折才成功是正常的;在就业中遇到许多心理冲突、困惑,产生一些不良情绪也是正常的。遇到就业问题时,要学会调节自己的心态,使自己能从容、冷静地面对就业这一人生重大课题,并作出正确、理智的选择。下面介绍几种常用的心理调适方法,供大学生在择业过程中根据自己的实际情况有选择地加以使用。

(一) 自我激励法

自我激励法主要指用生活中的哲理、榜样的事迹或明智的思想观念来激励自己,同各种不良情绪进行斗争,坚信未来是美好的。因为失败、挫折已经成为过去,要勇敢地面对下一次,尽可能地把不可以预料的事当成预料之中的,即使遇到意外事件或择业受挫,也要鼓励自己不要惊慌失措、冲动、急躁,而是开动脑筋,冷静思考,寻找对策。大学生在择业过程中,要相信自己的实力,通过自我激励,增强自信心,消除自卑感,保持良好的情绪和心态。

(二) 注意转移法

注意转移法即把注意力从消极情绪转移到积极情绪上。当不良情绪出现时,可以采取转移注意力的方法寻找一个新的刺激点,激活新的兴奋中心以抵消或冲淡原来的兴奋中心,使不良情绪逐渐消失。如听听音乐,参加体育运动,进行自我娱乐,接受大自然的熏陶,参加有兴趣的活动,等等,使自己没有时间沉浸在因各种原因引起的不良情绪反应中,以求得心理平稳。

(三) 适度宣泄法

当遇到各种矛盾冲突,引起不良情绪时,应尽早进行调整或适度宣泄,使压抑的心境得到缓解和改善。宣泄的较好方法是向你的挚友、师长倾诉你的忧愁、苦闷,使不良情绪得到疏导。在倾诉烦恼的过程中,可以获得更多的情感支持和理解,获得认识和解决问题的新思路,增强克服困难的信心。也可通过打球、爬山等运动量较大的活动,消除压抑心理,恢复心理平衡,但应注意场合、身份、气氛,注意适度,宣泄应是无破坏性的。

（四）自我安慰法

自我安慰法又称自我慰藉法，关键是自我忍耐。在择业中大学生常常会遇到挫折，当经过主观努力仍无法改变时，可适当地进行自我安慰，以缓解动机的矛盾冲突，解除焦虑、抑郁、烦恼和失望情绪，这样有助于保持心理稳定。在因挫折而遭受情绪困扰时，可用"亡羊补牢，犹未为晚"，"塞翁失马，焉知非福"等话语来做自我安慰，解脱烦恼。

（五）合理情绪疗法

合理情绪疗法认为，人们的情绪困扰是由于不正确地认知即非理性信念造成的，因此，通过认知纠正，以合理的思维方式代替不合理的思维方式，就可以最大程度地减少不合理的信念给人们的情绪带来的不良影响。例如，有的大学生择业不顺利就怨天尤人，认为"人才市场提供的岗位太少"，"用人单位要求太高"，其原因就在于他只从客观上找原因，认为"大学生择业应当是顺利的"，"社会应该为大学生提供充足的岗位"，等等。正是由于这些不正确的认知信念，造成了他的不良情绪，而这种不良情绪恰恰来自于他自己。所以，如果能改变这些不合理的观念，调整认知结构，不良情绪就能得到克服。大学生运用合理情绪疗法时要把握三点：第一，要认识到不良情绪不是源于外界，而是由于自己的非理性信念所造成的；第二，情绪困扰得不到缓解是因为自己仍保持过去的非理性信念；第三，只有改变自己的非理性信念，才能消除情绪困扰。

自我调适的方法还有很多，如环境调节法、自我静思法、广交朋友法、松弛练习法、幽默疗法等。这些都是应变的一些方法，但最主要的是大学生要树立正确的择业观，对择业要充满信心，要注意磨炼自己的意志，培养乐观豁达的态度，不要惧怕困难、挫折，始终保持积极向上的精神状态和健康的心理。

总之，在择业求职过程中，大学生应提高自我调适的自觉性，立足于自身的努力，使自己保持一种良好的心态。同时，社会、学校和家庭各方面也应提供热忱的关注和积极的引导，帮助学生面对现实，排除心理困扰，缓解不必要的心理压力，促使他们尽快实现角色转换，顺利走向工作岗位。

行动：

准备几个面试问题，模拟一下面试过程，和同学一起讨论一下如何回答。

提示：

1. 注意面试时的态度。

2. 注意回答问题的技巧，回答问题要随机应变，积极妥善地解决比较困难的问题。

3. 可以尝试着向面试官提问，和同学们讨论如何提问比较适宜。

评估：

1. 简历设计的原则是什么？主要包括哪些方面的信息？

2. 面试前应做哪些准备工作？

3. 面试时要注意哪些礼仪？

4. 面试时应注意哪些事项？

第六章　劳动与就业权益保护

党和国家高度重视职业教育和技能人才工作，为技工教育事业发展指明了方向，并明确指出，要把加快发展现代职业教育摆在更加突出的位置。同时，学生的实习、就业及权益保护也显得更加重要。由于劳动关系中用人单位处于强势地位，违反《劳动法》和《劳动合同法》侵犯劳动者权益的现象屡见不鲜。因此，为了保护劳动者的合法权益，《劳动法》从设计和规定上，也倾向于保护劳动者的合法权益，规定主要以追究用人单位违法行为及违约行为为主。

一、《劳动法》制定的原则

《劳动法》制定的原则就是保护劳动者的合法权益。它的基本任务就是要通过各种法律手段和措施有效地保证劳动者的合法权益不受侵犯。劳动者依法享有各项权利，比如劳动安全保障权、取得劳动报酬权等，同时劳动者也必须依法履行劳动义务。此外，《劳动法》的制定还体现了按劳分配的原则、合理配置劳动力资源的原则、最终要促进生产力发展的原则等。

二、《劳动法》的作用

《劳动法》的实施，主要有以下四个方面的作用：

（一）全面建立了劳动合同用人制度，通过劳动者与用人单位依法签订劳动合同，建立劳动关系，为建立现代企业用人制度、实现劳动关系法制化创造了条件；

（二）最低工资制度在全国范围内全面建立，工资支付的有关规定得到了较好的落实，劳动者依法享有获取劳动报酬的权利；

（三）社会保险制度改革不断深化，建立了覆盖城镇各类企业的基本养老、失业保险制度，基本医疗保险制度初步得到建立；

（四）建立了劳动保障监察制度，劳动争议处理工作进一步开展。

案例故事：

2015 年 5 月，山东某大学与某市某企业签订了实习协议，双方约定：该大学向这家企业提供实习学生 60 名，企业对实习学生进行实习教学，实习期限为 2015 年 5 月 10 日至 11 月 9 日。当年 5 月，郑某等 3 人被学校委派到该企业实习，从事技术员工作。7 月 1 日，3 位学生在学校正常领取了大学毕业证书。随后 3 人提出，他们已经属于毕业生，而不再是学校委派的实习生，企业应当给予他们正常劳动者的待遇，但此要求遭到企业拒绝。学校和企业都认为只有实习期满才能获得正式员工的待遇。9 月 25 日，3 位毕业生决定离开该企业，但该企业坚持不向 3 人发放 9 月份工资，双方为工资给付等问题产生了劳动争议。此后，3 位毕业生向该市劳动争议仲裁委员会申请仲裁，该委员会认为此案不属于其受理范围，于 10 月 23 日发出不予受理通知书。10 月 26 日，3 人向该市人民法院提起诉讼。受理案件后，办案法官最终使双方达成调解协议。12 月 27 日，郑某等 3 位毕业生拿到了应得的工资。

作为一位在校大学生，实习期是大学生学习工作能力和适应社会环境的关键时期。但是在这个关键时期内，很多大学生都受到不同程度的"侵权"，也有不少企业看中大学生这个实习期，把大学生当作廉价劳工，在实习期内以种种理由把大学生辞退。不过，因为很多大学生的法律意识不强，法律知识不够扎实，经常不能主动维护自己的权利。要维护大学生的就业权利就要认定大学生劳动者的主体资格，不仅对大学生劳动者合法权益的保护，而且对推动我国法制的进步也具有十分重要的意义。

以案说法

上述的案例中，不同的角度有不同的说法。

说法一："实习协议"不是"劳动合同"，案例中某大学跟某企业签订了实习协议，为企业提供 60 名大学生进行实习。在这个案例中，他们所签订的是实习协议，这是有别于劳动者与企业所签订的劳动合同，属于劳务合同。劳务合同是一种以劳务为标准的合同类型。而《劳动法》第十六条规定，劳动合同是劳动者与用人单位建立劳动关系、明确双方权利和义务的协议。劳动合同与劳务合同经常被混淆，但其实它们之间是存在着区别的。其中劳动合同与劳务合同在确定报酬的原则上不同。在劳动合同中，用人单位按照劳动的数量和质量及国家的有关规定给付劳动报酬，体现按劳分配的原则。而劳务合同中的劳务价格是按等价有偿的市场原则支付，完全由双方当事人协商确定。企业不愿支付大学生的工资就是凭着他们之间签的不是劳动合同，雇主不需按照国家规定的《劳动法》为大学生提供报酬和按照正式员工的待遇对待大学生。但如果按照案例中的"实习协议"约定，学生只有等实习期满后才能获得正式员工待遇。双方约定的所谓"实习期"，既包含了毕业前的时间，又包含了毕业后的时间，这显然违反了《劳动合同法》的规定。实习学生毕业后若继续在企业工作，应当签订劳动合同，按照相关规定享受正常劳动者待遇。《劳动合同法》规定，合同如若违反法律、行政法规的强制性规定，应属无效。

说法二：诉求可依据1995年原劳动部颁发的《关于贯彻执行〈中华人民共和国劳动法〉若干问题的意见》第12条规定："在校生利用业余时间勤工助学，不视为就业，未建立劳动关系，可以不签订劳动合同。"这一条文实际上明确否认了实习生的劳动者地位，因此在我国，未毕业的实习生不享受正式劳动者地位，一般没有工资也就成了大家默认的一条"潜规则"。

本案中，3名大学生从2015年5月到2015年6月30日属于实习生，企业不按正式员工为其发放工资并不违法。但自2015年7月1日3名大学生拿到毕业证之日起，他们就属于毕业生，不再是学校委派的实习生，如果他们继续为其企业工作，那企业就必须给予他们正常劳动者的待遇。《劳动合同法》第7条规定："用人单位自用工之日起即与劳动者建立劳动关系。"《劳动合同法》第10条规定："建立劳动关系，应当签订书面劳动合同，已建立劳动关系，未同时签订劳动合同的，应当自用工之日起一个月内订立书面劳动合同。"这一规定改变了以往以签订劳动合同作为建立劳动关系的标志，而以用工事实发生作为劳动关系的起始时间。因此，只要企业用工开始，即认为劳动者与企业已经确定了劳动关系，不管双方是否签订书面劳动合同，劳动者都应享受正式员工的待遇。

第一节　实习协议

目标:

让学生通过了解实习工作的组织实施、过程管理及实习协议,明确在此过程中应如何保障权益,树立一定的法律意识。

任务:

明确实习(包括顶岗实习)工作的意义,了解实习工作的组织程序,以及在实习过程中由谁来管理,如何管理,熟悉实习协议的内容,保障个人权益不受侵害,用法律、制度规范行为。

实习,是指学生在校期间,到单位的具体岗位上参与实践工作的过程,其针对的是在校学生。为了进一步提高职业院校、技工院校在校生的技能操作水平,国家及各地政府提倡在校生进行顶岗实习。《山东省就业促进条例(修订)》规定,职业院校、技工院校要组织在校学生到用人单位实习,用人单位应当与实习生及所在院校签订实习协议,但不签合同。实习协议应当载明三方的权利和义务。用人单位应当自实习协议签订之日起十五日内向实习所在地的县(市、区)人民政府人力资源与社会保障部门备案。劳动合同是劳动者与用工单位之间确立劳动关系,明确双方权利和义务的协议。你签了劳动合同,就是单位的正式员工了。

顶岗实习也就是职业院校按照专业培养目标要求和教学计划安排,组织在校学生到用人单位的实际工作岗位进行的实习。目的是培养学生职业道德、职业技能,提高教育质量,促进学生全面发展和稳定就业。

一、组织实施

学生实习原则上由学校组织,选择具有独立法人资格,依法经营、管理规范,安全防护条件完备,提供岗位与学生所学专业对口或相近的企(事)业单位组织学生实习,这里一般指的是顶岗实习。

学生要求自行选择顶岗实习单位的,必须由学生本人提出申请,提供实习单位同意接收该学生顶岗实习的公函及实习协议(未成年学生还应提供监护人知情同意书),并经学校备案后方可进行实习。

二、过程管理

学生到实习单位顶岗实习前，学校、实习单位、学生应签订三方顶岗实习协议，明确各自责任、权利和义务。学生应及时将协议内容告知家长。对于未满 18 周岁的学生，还应提供监护人知情同意书。学校应当与实习单位协商，为实习学生提供必需的食宿条件和劳动防护用品，保障学生实习期间的生活便利和人身安全。学校还要在此期间加强巡查、管理。

三、实习协议的内容

实习协议应当包括以下内容：

1. 实习单位的名称、地址（也可写明法定代表人或者主要负责人，接收学生实习工作的实习单位负责人和实习指导教师的姓名），实习学生（也可写明家长的姓名）及所在学校及院系、专业年级、学生性别、年龄、身份证号、注册学号及实习期间住址；

2. 实习期限；

3. 实习内容和实习地点；

4. 实习食宿安排；

5. 实习时间、休息休假；

6. 实习劳动保护；

7. 安全管理责任；

8. 实习报酬；

9. 实习责任保险；

10. 实习纪律；

11. 实习终止条件；

12. 实习考核结果；

13. 学校和实习单位双方认为需要约定的其他事项。

四、学生实习期间的要求

1. 学校应协调实习单位为学生提供必要的顶岗实习条件和安全健康的顶岗实习劳动环境。

2. 不得安排和接收 16 周岁以下学生进行实习。

3. 顶岗实习期间应当为学生购买人身意外伤害保险，学生的意外伤害赔偿，应当依据《中华人民共和国侵权责任法》和教育部《学生伤害事故处理办法》等有关规定处理。

拓展阅读：

实习协议范本

甲方（实习单位）：_____

乙方（实习生）基本资料： 姓名：_____

学历：_____ 所在学校：_____所学专业：_____

毕业时间：_____联系电话：_____

丙方（校方）：_____

甲、乙双方在平等自愿、协商一致的基础上，就乙方在甲方进行实习的有关事宜达成如下协议，以共同遵守，并由丙方（校方）协调执行。

第一条 实习期限。

实习期间自_____年__月__日起至____年__月__日止。

第二条 实习岗位。

甲方根据公司的实际情况和乙方的专业、特长等，安排乙方在_____（部门）进行实习。实习期间，甲方可根据实际情况调整乙方的实习岗位。

第三条 实习补贴。

实习期间，甲方每月向乙方发放实习补贴____元（人民币），除此之外，甲方不再向乙方支付其他任何劳动薪酬津贴，不享受其他福利待遇。

第四条实习管理。

（一）甲方为乙方提供实习场地及相关实习条件。

（二）实习期间，甲方指定专人负责乙方的日常管理；实习期满后，甲方应对乙方的实习表现作出客观评价。

（三）实习期间乙方的义务：

1. 遵守国家的法律法规和学校的规章制度。

2. 遵守甲方的规章制度、劳动纪律及操作规程，如有违反而造成甲方损失的，甲方有权向乙方进行追偿。

第五条 实习保护。

（一）甲方为乙方提供符合国家规定的安全、卫生的工作环境。

（二）甲方按相关法律法规安排乙方的实习作息时间。

（三）甲方应依据国家有关法律，为乙方购买人身意外伤害保险。

第六条　保密约定。

乙方保证保守甲方的商业信息、商业秘密，如有违反而造成甲方损失的，甲方有权向乙方进行追偿。

第七条　知识产权。

乙方在实习期间利用甲方资源开发的项目成果，其所有权属于甲方。

第八条　协议终止与解除。

（一）实习期满后本协议自动终止。

（二）实习期间乙方如违反本协议第四条第三款、第六条的约定，甲方有权即时解除本实习协议，终止乙方在甲方的实习。

（三）甲、乙双方其中一方提出解除本协议的，需提前三天书面通知对方，解除本协议，双方互不追究责任。乙方必须做好实习工作交接手续。

第九条　丙方监督甲、乙双方做好合作，协调双方处理有关问题。

第十条　其他约定事项

1. _____。

2. _____。

3. _____。

第十一条　法律效力。本协议经甲、乙双方签字或盖章后生效。

第十二　附则

（一）本协议未尽事宜，由甲、乙双方另行协商约定。

（二）本协议一式三份，甲、乙、丙三方各执一份。

（三）本协议在执行过程中发生纠纷的，甲、乙双方应协商解决；协商不成的，可向本协议签订地所属的人民法院提起诉讼。

甲方：_____　乙方代表（法定代表人）：_____

委托代理人：_____

身份证号码：_____　身份证号码：_____

丙方代表：（盖章）_____

签订时间：____年____月____日　签订地点：_____

第二节 就业协议

目标：

通过了解签订就业协议的作用和原则，让学生熟悉就业协议签订的程序和注意事项，熟悉从毕业后到走向社会这一重要过渡期间如何签订就业协议，树立保障个人权益的意识。

任务：

明确签订就业协议的作用，熟悉签订就业协议的程序和注意事项，明确怎么做。尤其是明确在毕业前后，从学校到社会这一重要过渡时期如何保障个人权益，树立任何时期都要用法律保障个人权益的意识。

就业协议是毕业生和用人单位在正式确立劳动人事关系前，经双向选择，在规定期限内确立就业关系、明确双方权利和义务而达成的书面协议，是用人单位确认毕业生相关信息真实可靠以及接收毕业生的重要凭据，也是学校进行毕业生就业管理、编制就业方案以及毕业生办理就业落户手续等有关事项的重要依据。同时合同协议对毕业生和用人单位也具有一定的约束力。其主要作用是在正式合同签订前保护学生就业的权益，防止就业单位违约；另外也对学生进行约束，避免随意违约。就业协议一般由国家教育部或各省、市、自治区就业主管部门统一制表，协议在毕业生到单位报到、用人单位正式接收后自行终止。

签协议前，应对企业全面了解，包括工作环境、工资待遇、工作时间、劳动强度等，同时结合自己实际情况和愿望，综合考虑周全后再签就业协议。尤其提醒到北京、天津、上海、广州等大城市工作的毕业生，除单位给你购买保险外，其他情况，如不能将户口迁到本市，单纯的档案调动对毕业生无任何意义。可将本人人事档案落在某人才交流机构，然后去上述城市工作，这样可减少不必要的麻烦。

一、签订就业协议书的作用与原则

（一）签订就业协议书的作用

随着毕业生就业制度的改革，为了合理使用人才，充分发挥人才的作用，调动毕业生与用人单位的积极性，国家把选择工人岗位和录用人才的权利分别交给了毕业生和用人单位。当毕业生与用人单位达成一致意见，经学校审查认为符合国家的就业政策后，须以书面的形式确定下来。这就是签订就业协议书，就业协议的签订是确保毕业生和用人单位各自权益的重要保障。

就业协议书上除了用人单位盖章外，还需用人单位上级人事主管部门盖章。民营企业、三资企业、乡镇企业等单位，没有自己的上级人事主管部门，这就需要单位到各地的人才交流中心办理人事代理手续，这样可解决单位接收毕业生人事关系的一些问题。

（二）签订就业协议书的原则

1. 主体合法原则

即签订就业协议的当事人必须具备合法的主体资格。对毕业生而言，就是必须要取得毕业资格，如果学生在派遣时未取得毕业资格，用人单位可以不予接收而无须承担法律责任。对用人单位而言，用人单位应有录用毕业生计划和录用自主权，否则毕业生可解除协议而无须承担违约责任。对学校而言，学校根据用人单位的要求如实介绍毕业生在校表现，也应如实将所掌握的用人单位的信息发布给毕业生。学校在毕业生签订就业协议书的过程中应进行监督和指导。

2. 平等协商原则

就业协议的三方在签订就业协议时的法律地位是平等的，任何一方不得将自己的意志强加给另一方。学校也不得采用行政手段要求毕业生到指定单位就业（不包括有特殊情况的毕业生），用人单位亦不应在签订就业协议时要求毕业生交纳过高数额的风险金、保证金（性质是违约金，一般不得超过实际损失，上限是五千元）。三方当事人的权利义务是一致的。除协议规定内容外，三方如有其他约定事项，可在协议书备注内容中加以补充确定。

二、签订就业协议的步骤与程序

就业协议属于预约的一种，不属于劳动合同法管理，发生纠纷可以向法院起诉，不经过劳动仲裁机构

（一）签订就业协议步骤

我国《合同法》明确规定："当事人订立合同，采取要约、承诺方式。"

就业协议书作为劳动合同的一种形式，毕业生和用人单位之间针对协议的要约与承诺一般分为以下几个步骤：

1. 要约

要约邀请是指希望他人向自己发出要约的意思表示。在毕业生择业过程中，毕业生持学校统一印制的就业推荐表或复印件参加各地供需洽谈会（人才市场），进行双向选择，或向各用人单位发书面材料，应视为要约邀请。用人单位收到毕业生材料以后通过测试、面试、实习等途径对毕业生的意向以口头通知、接收函、回执或电子邮件等形式反馈给学校毕业生就业工作部门或毕业生本人的，视为要约。

2. 承诺

承诺是受约人同意要约的意思表示。承诺应当在合理期限内向受约人发出，承诺生效时合同成立。

毕业生收到用人单位回执或通过其他方式得到用人单位答复后，从中作出选择，在合理的期限内向用人单位表明自己愿意去单位工作的承诺，并到学校毕业生就业工作部门领取就业协议书，承诺到达单位时，就业协议成立。

由于毕业生就业工作比较烦琐、具体，有时很难明确分为要约和承诺两个步骤。比如，有的毕业生参加公务员考试，达到面试线后，到用人单位参加面试、体检，用人单位也对毕业生进行了政审、阅档，表示同意接收，在这种情况下，毕业生应与该用人单位签订就业协议，而不应再选择其他单位。又如，用人单位到学校挑选毕业生，毕业生自己主动报名，经学校积极推荐，用人单位也表示同意接受，但要回到单位后再正式发函，签协议。在这种情况下，毕业生也应安心等待与用人单位签约，而不能出尔反尔，以未正式签订协议为由，置学校信誉不顾，在这个过程中与其他单位签约，浪费了其他毕业生的就业机会。

（二）签订就业协议书要遵循的程序

第一步，由乙方即毕业生填写的自己的相关消息。要如实填写，要与毕业生资格审查时认定的信息资料相一致。其中专业名称必须与学校设置的专业名称完全一致，不能简写。填写后交给甲方。

第二步，由甲方即用人单位填写相关信息和签署约定条款。用人单位信息中的单位名称要与用人单位有效印鉴上的名称一致；档案转寄地址要写清

楚用人单位的人事保管单位的全称和地址，无人事档案保管权的单位应填写其委托保管档案的地址；入户地址，即户口迁移地址，要明确填写；双方约定的条款细则要写具体"用人单位或人事部门签章"，不得缺项。

第三步，用人单位上级主管部门或用人单位所属地人力资源部门签章。此项签章主要是为档案寄存和户口迁移之用。公有制单位通常有上级主管部门，但这里所指的"上级主管部门"是享有进人指标和户口指标的省一级单位或政府所在地的中央直属单位，市以下单位的主管部门通常没有进人户口指标。非公有制单位的上级主管部门通常是指管理其单位员工人事关系的政府所属人力资源服务机构。因此，只要牵涉到毕业生户口档案关系转移的，都要到人力资源管理部门或其授权委托的部门签章，并办理接收函。

第四步，见证方签署意见，即学校方签署意见。毕业生与用人单位在"三方协议"上签字盖章。协议已经成立，学校方签证是为了保障毕业生的权益和监督协议双方守约，也是为了办理毕业生报到证和落实毕业生户口档案事项。毕业生必须将签好的就业协议书送回学校签署意见，后送学校就业指导机构审核并盖章。目前，如果不牵涉户口转移而内容又合法的，由学校方签署意见就可以。在毕业生实习分散又有《劳动合同法》制约的特殊情况下，为了方便毕业生，有时学校方先在三方协议上签章。

第五步，"三方协议"由学校方盖章登记后，一份学校留存，一份送用人单位，一份由毕业生自己留存。

协议书签订中按程序应最后到学校就业工作管理部门盖章，是因为由学校最后把关更有利于维护毕业生的合法利益。有些毕业生要求学校先盖章，再交用人单位，这样用人单位容易写上有损毕业生权益的条款，对毕业生产生不利后果。学校把关，意义还在于确认签约手续是否完备，否则由于手续不齐等原因，会导致上报方案时通不过，或派遣后学生到用人单位无法报到，严重影响毕业生就业。

毕业生在签订就业协议时，必须严格按照规定的程序进行。毕业生一般先领取就业协议书，与用人单位达成一致意见后与用人单位签约，再将协议交学校的就业工作管理部门审核签证，并由学校在相应栏目中签署意见，毕业生与用人单位的协议如果没有校方的意见签章就不具备法律效力。

三、签订就业协议时应注意的问题

同学们选择就业的第一家单位非常重要，它在某种程度上将影响同学们以后的职业发展轨迹。因此，同学们在签订就业协议时要采取慎重的态度，需注意以下事项：

（一）查明用人单位的主体资格

在签约前，同学们一定要详细了解用人单位的情况，一般包括单位的规模、效益、管理制度、用人机制、培训体系、发展方向等。其中单位的隶属关系非常重要，国家机关、事业单位、国有企业一般都有人事接收权，如果用人单位没有独立的进人权，除了用人单位盖章之外，还必须有其上级主管部门的公章。否则，由于用人单位的上级主管单位或主管部门不认可，就不可以纳入就业方案，毕业生与用人单位所签协议书就为无效协议书。民营企业、外资企业要招收职工，必须经过所在地人力资源部门或人才交流中心的审批，协议书上应有他们同意接收的签章才有效。

此外，毕业生还要明确工作和生活条件，注意单位明细的薪水制度和福利状况，不要随意放弃自己的权利。对劳动报酬有特殊要求的，应在就业协议书的补充条款中加以明确。到单位报道后，还应在劳动合同中进一步明确劳动内容、保险福利、服务期限等事项。毕业生还应对不同地方人事主管部门的特殊规定有所了解，除协议书外，如北京市非本地生源进北京市的单位，还应经过北京市人力资源和社会保障局的审批，另外还有一些省、市（上海、深圳）也有类似规定。

（二）明确违反协议的责任

毕业生就业主管部门在毕业生签订就业协议书过程中实行监督和管理职责，并在国家和各省的有关政策和规定范围内进行。

每个毕业生只能与一个用人单位签订《就业协议书》，就业协议生效后，当事人一方如果违反协议，另一方有权要求其继续履行协议、支付违约金或赔偿损失。如果支付违约金，协议书中应就违约金的具体数额作出约定。不少单位为了"留住"学生，以高额违约金约束学生，学生们应该在协商中力争将违约金降到最低。

（三）注意所约定条款的合理性和可接受性

目前毕业生使用的就业协议书是统一格式的，由于地区不同，用人单位之间存在着差异和各自情况的不同，协议书中不可能规定得很全面、详细，许多内容要靠毕业生与用人单位进行约定的时候注意：约定的条件是否合理；约定的条款毕业生本人能否接受（例如，对于违约问题，有的用人单位为了惩罚违约的毕业生，约定的违约金数额过高，使毕业生难以承受）；毕业生与用人单位约定的备注条款，要注意必须有毕业生和用人单位双方的签字，否则当发生争议时，由于没有双方的签字，备注条款很难发生作用。协议书中的空白如果没有补充条款，必须全部划去，并注明是空白。需要提醒毕业生的是，在签订就业协议书时，要认真谨慎对待附加协议。这种附加协议的法律效力几乎等同于劳动合同，一定要仔细斟酌后再签，切不可草率。必要时可以向有关部门或老师咨询，以免因某些条款的不合理而损害自身利益。

（四）在签订就业协议时要注意的事项

首先必须仔细阅读协议书上有关条款和规定，如实认真填写"毕业生情况及意见"一栏，在协议书"用人单位意见"一栏中盖用人单位人事主管部门的印章。在"用人单位上级主管部门意见"一栏中，分以下几种情况；

1. 若用人单位为市（地区）属单位的，此栏加盖该市（地区）人力资源和社会保障局的印章。

2. 若用人单位是省属单位的，此栏加盖省级厅、局、委人事部门印章。

3. 若用人单位是中央部委直属或中央驻地方单位的，此栏可以省略，即属有用人自主权的单位。

4. 若用人单位是民营、三资等性质的企业，此栏加盖所属市（地区）人力资源和社会保障局、人才交流中心或所属省人才交流中心印章；有部分省、市，如广东、广州、深圳、宁波、厦门、北京、上海、天津、珠海、大连等省、市，无论到任何用人单位，必须经过当地人力资源和社会保障局的同意。

5. 填写用人单位名称时，必须注意，是否与单位的有效印鉴上的名称一致，如不一致，协议无效。

（五）注意与劳动合同的链接

一般在用人单位报道后的毕业生要和用人单位签订劳动合同书。因此在签约前了解劳动合同的内容是必须的，尤其重要的是合同书的工作年限、试用期和待遇等关键问题。注意就业协议书中双方约定的内容与未来劳动合同内容的链接。毕业生应在就业协议中就工作服务期限、试用期、工资待遇、社会保险等有关内容以补充条款形式约定，以免报到后发生纠纷，遭受不必要的损失。

劳动合同的内容即劳动合同条款，一般应有以下条款：劳动合同期限、工作内容、劳动保护和劳动条件、劳动报酬、劳动纪律、劳动合同终止条件、违反劳动合同责任。除了这些必备条款外，当事人还可以协商约定其他内容。劳动合同应以书面形式订立，不能采用口头形式。

（六）试用期与见习期的时间

外企、合资企业、民企一般采用试用期，根据合同期的长度，可以分为1－3个月不等，通常试用期为3个月，不得超过6个月。国家机关、学校、研究所一般采用见习期，通常为一年。实习期和见习期只采取其中之一，将另一项划去。

（七）无效协议

无效协议是指欠缺就业协议的有效要件或违反就业协议订立的原则，从而不发生法律效力的协议，无效协议自订立之日起无效。以下两种情况下的协议属于无效协议：

1. 就业协议未经学校同意视为无效。

如有的协议经学校审查，认为对毕业生有失公平，或违反公平竞争、公平录用的原则，学校可不予认可。

2. 采取欺骗等违法手段签订的就业协议无效。

如用人单位未如实介绍本单位情况，根本无录用计划而与毕业生签订就业协议。

无效协议产生的法律责任应由责任方承担。

（八）注意事先约定就业协议的解除条件

就业协议签订后，对当事人具有法律约束力，任何一方当事人不能随意解除，否则即为违约。如果有些未来可能发生的情况需要与单位解除就业协议的，比如考研、出国等，毕业生可以与单位事先约定解除就业协议的条件，并在《就业协议书》备注栏注明考学或出国等的效力问题，否则按违约处理。一般来说，就业协议的解除分为单方解除和三方解除两种情况。

单方解除，包括单方擅自解除和单方依法或依协议解除。单方擅自解除协议，属违法行为，解约方应对另两方承担违约责任。单方依法或依协议解除，是指一方解除就业协议有法律上或协议上的依据，如学生未取得毕业资格，用人单位有权单方解除就业协议，此类单方解除，解除方无须对另两方承担法律责任。

三方解除是指毕业生、用人单位、学校三方经协商一致，合意解除原订立的协议，使协议不发生法律效力。此类解除因是三方当事人真实意思表示一致的体现，三方均不承担法律责任，还需经主管部门批准办理调整改派手续。

四、违约及办理程序

（一）违约的界定

违约行为是指签订就业协议的当事人一方没有履行协议约定的义务，或履行义务不符合协议约定的行为。根据《合同法》规定，无论违约方主观上是否有过错，只要不存在不可抗力或其他法定免责事由，义务人就应当承担违约责任。

（二）毕业生违约的后果

就业协议书一经毕业生、用人单位、学校签署即具有法律效力，任何一方不得擅自解除，否则违约方应向权利受损方支付协议条款所规定的违约金，从实际情况来看，就业违法多为毕业生违约。毕业生违约，除本人应承担违约责任，支付违约金外，往往还会造成其他不良影响后果，主要表现在以下几方面：

1. 就用人单位而言

用人单位往往为录用毕业生做了大量的工作，有的甚至对毕业生将要从事的具体工作也有所安排。同时毕业生就业工作时间相对比较集中，一旦毕业生因某种原因违约，势必使用人单位的录用工作付之东流。用人单位再去选择其他毕业生，在时间上不允许，从而给用人单位工作造成被动。

2. 就学校而言

用人单位往往将毕业生违约行为认为是学校的行为，从而影响学校和用人单位的长期合作关系。用人单位由于毕业生存在违约现象，而对学校的推荐工作产生不满。从历年情况来看，一旦毕业生违约，该用人单位在几年之内不愿到该学校来挑选毕业生。如此下去，必然影响今后学校的毕业生就业安置工作。

3. 就其他毕业生而言

用人单位到学校挑选毕业生，一旦与某毕业生签订就业协议，就不可能再录用其他毕业生。若日后该毕业生违约，有些当初希望到该用人单位工作的其他毕业生由于录用时间等原因，也无法补缺，造成就业职位的浪费，影响其他毕业生就业安置。因此，毕业生在就业过程中应慎重选择，认真履约。

4. 办理解除的手续及程序

为维护就业计划的严肃性，学校对就业安置中的违规行为实行宏观控制，就业协议生效后一般不允许违约，但因特殊情况其中一方提出违约的，须经学校和另一方同意后才能办理违约手续，并承担违约责任。具体来说，办理违约需要以下书面材料：

（1）单位同意改派的公函（简称"解约函"），它体现了对原接收毕业生单位知情权的尊重。

（2）原就业协议书和报到证。

（3）本人的改派申请（写明申请事由，是否愿意承担违约责任等）。

①毕业生向原接收单位提出改派申请，原单位同意后，双方解约，原接收单位出具将毕业生退回学校或同意将毕业生改派到其他单位工作的公函，公函需说明解约缘由。

②毕业生要回原来的就业协议书和报到证（或派遣证）。

③毕业生到学校就业办领取《改派申请表》，并提供以上上述材料，交纳相应的违约金。

④学校同意改派的，由学校就业安置工作部门办理相关违约手续和报批手续，给学生换发新的就业协议书。

⑤毕业生凭新的就业协议书与新用人单位签订协议。

如果用人单位无故要求解约，毕业生有权要求对方严格履行就业协议。为保障学生的合法权益，学校将积极向违约单位及上级主管部门和省（市）毕业生就业主管部门反映情况，进行交涉，由学生和用人单位协商解决。在协商未果的情况下，学生应通过法律途径保护自己的合法权益，可以要求用人单位支付违约金，进行赔偿。

拓展阅读:

毕业生就业协议书样本

毕业生: _____

用人单位: _____

培养学校: _____

签订本就业协议应遵守的条款:

第一条本《就业协议书》适用于参加初次就业的普通高校本、专科毕业生;在中国境内登记注册的各类企业、事业单位;国家机关、部队以及依照中国法律核准登记的外因公司、分支机构。

第二条签订本就业协议应当遵守平等、自愿、诚实信用的原则。

第三条毕业生与用人单位有权利了解对方的实际情况,被了解方应当如实介绍自己的情况,不得弄虚作假。

第四条《就业协议书》如增加其他约定条款,约定条款内容不得违反国家法律和行政规章的有关规定,不得损害学校、用人单位和毕业生的声誉及合法权益。

第五条毕业生与用人单位对就业协议的成立,有其他约定的,须在就业协议书中注明。例如:用人单位进人需要经人事主管部门核准的,应当在协议书中约定,核准后就业协议成立。

第六条本协议经毕业生和用人单位签字或盖章后生效,经学校鉴证登记后作为签发报到的依据。

第七条本协议一式四份,毕业生、用人单位、毕业生所在学院和学校各一份。

第三节　劳动合同

目标:

让学生了解什么是劳动合同,签订劳动合同的意义和作用,熟悉劳动合同的内容、签订劳动合同的程序和注意事项,明确如何签订劳动合同,树立保障个人权益的意识。

任务：

通过了解什么是劳动合同、劳动合同的内容，明确为什么要签订劳动合同，明确签订劳动合同的程序。树立今后无论从事什么样的职业，都必须签订劳动合同的观念，保证个人权益不受伤害，这是从事社会活动的一个基本要求。

一、什么是劳动合同

（一）劳动合同的概念

劳动合同是求职者和用人单位建立劳动关系的凭证，是确立劳动法律关系的形式，是调整劳动关系的手段，也是处理劳动争议的重要依据。准确地说，劳动合同是求职者与用人单位确立劳动关系、明确双方权利和义务的协议。在劳动合同中，求职者和用人单位是平等的合同主体，因此，双方订立劳动合同应当平等、自愿、协商一致。

（二）劳动合同的种类

劳动合同的种类繁多，根据不同形势的劳动关系，其划分出的种类也不同。劳动合同按照期限分为固定期限合同、无固定期限合同及临时工劳动合同等；劳动合同按照劳动者与用人单位不同形式的劳动关系可以分为录用合同、聘用合同、借调合同、停薪留职合同等，其中录用合同是用人单位长期雇佣劳动者而签订的劳动合同，比如同学们的就业协议合同，这种合同，是劳动合同中的基本类型。

（三）劳动合同的主要内容和条款

自用人单位用人之日起即与劳动者建立了劳动关系。劳动合同是劳动者与用人单位确立了劳动关系、明确双方权利和义务的协议，也是维护劳动者和用人单位合法权益的保障。劳动合同应当具备以下八个方面的内容：

1. 劳动合同的期限

劳动合同的期限是指劳动合同具有法律约束力的时段，一般可分为有固定期限、无固定期限和以完成一定的工作为期限三种。其中最常见的是有固定期限的劳动合同，时间一般在 1 年以上 10 年之内。无固定期限的劳动合同具有特殊性，对于什么条件的人可以签订无固定期限的劳动合同，都有相关规定。

2. 工作内容

劳动合同中的工作内容条款是劳动合同的核心条款，他是用人单位使用劳动者的目的，也是劳动者为用人单位提供劳动以获取劳动报酬的原因。主要内容包括劳动者的工种和岗位，以及该岗位应完成的工作任务、工作地点。这些内容要求规定得明确、具体、以便遵照执行。

3. 劳动保护和劳动条件

劳动保护是指用人单位为了防止劳动过程中的事故，减少职业危险，保障劳动者的生命安全和健康而采取的各种措施。劳动条件是指用人单位对劳动者从事某项劳动提供的必要条件。

4. 劳动报酬

获取劳动报酬是劳动者向用人单位提供劳动的主要目的。劳动者的劳动报酬包括工资、奖金和津贴的数额或计算办法。劳动报酬必须符合国家法律、法规的规定，如工资不得低于最低工资的标准，工资支付的期限和形式不得违反有关规定等。

5. 社会保险

目前执行的社会保险包括养老保险、基本医疗保险、失业保险和工伤保险四项，其中前三项用人单位和职工都必须缴纳，工伤保险、生育保险由用人单位缴纳保险费，职工个人不用缴纳。

6. 劳动纪律

这是指劳动者必须遵守的用人单位的工作秩序和劳动规则。

7. 劳动合同的终止条件

这是指劳动合同法律关系终结和撤销的条件。劳动合同双方当事人可以在法律规定的基础上，就劳动合同的终止进行约定，当事人双方约定的终止条件一旦出现，劳动合同就会终止。

8. 违反劳动合同的责任

这是指违反劳动合同约定的各项义务所应承担的法律责任。为了保护劳动合同的履行，必须在劳动合同中约定有关违反劳动合同的责任条款，包括一方当事人不履行或者不完全履行劳动合同，以及违反约定或者法规条款解除劳动合同所应承担的法律责任。

除了上述八项条款外，用人单位和劳动者还可以约定以下几个方面的内容：试用期、培训、保守商业秘密、补充保险和福利待遇以及其他经双方当事人协商一致的事项等。

同学们应该重视上面的第八项——"违反劳动合同的责任"条款，因为《劳动法》规定双方可以协商约定责任的认定、赔偿的范围、计算方法和承担方式，用人单位提供的合同补充条款中常有这方面的约定，对这些内容，同学们要清楚，心中要有数。有些单位，包括一些事业单位为了保证毕业生能在该单位长期工作，约定了很多提前解约的赔偿条款，请大家务必认真对待。毕业生提前辞职的赔偿责任不应当过高，一般不应当超过毕业生的年工资。刚参加工作的毕业生一般签短期合同为好，待转正定级后再签中期或长期合同，这时，用人单位和你都已经互相了解。劳动者提前解除劳动合同不需要承担任何所谓的违约责任，只是在进行辞职。就终止劳动关系需要劳动者承担违约责任的情形只有两种：第一，用人单位付出培训费用并约定服务期限，而劳动者未满期限离职的需要赔付此培训费；二是竞业禁止情形。当然劳动者因其过错给用人单位造成重大损失的也要承担违约或者侵权责任。此项特别需要注意，部分不法用人单位约定高额离职违约金，妄图控制雇员的行为是违反劳动法的规定。

二、订立劳动合同的条件及程序

（一）劳动合同的主体由特定的用人单位和劳动者双方构成。劳动合同当事人一方是企业、事业、机关、团体等用人单位，另一方是劳动者本人。

（二）签订劳动合同的双方当事人必须具备合同的主体资格。用人单位必须具有法人资格，私营企业必须具有公民资格，劳动者一方必须具备劳动行为能力和劳动权利能力。劳动者必须年满 16 周岁，且身体健康，未达到退休年龄。

（三）国有企业招收职工，一般是在上级主管部门下达用工计划指标内，并向当地人力资源和社会保障部门办理备案手续。

（四）劳动合同草案一般由用人单位提出，征求应招工人的意见；也可以由被招工人与企业行政的代表，如厂长、经理、人事处、科长等直接协商，共同起草。

（五）签订劳动合同前，用人单位应向被招收工人如实介绍本单位的情况，被招收工人也有权提出自己的意见和要求，双方经充分协商，达成一致意见后，用黑色签字笔（钢笔）填写劳动合同书，并签名盖章。

（六）劳动合同签订后，应当到当地人力资源和社会保障机关申请鉴证，并向其主管部门和当地社会保障部门备案。

三、签订劳动合同的步骤

签订劳动合同是求职过程的最后一个阶段，也是整个求职过程的重中之重。劳动合同签订后，求职阶段虽告一段落，但依法签订的劳动合同会在合同有限期内以法律的形式约束对方，同学们应该学会怎样签订劳动合同。

（一）签订劳动合同前要做到的几点

1. 要敢于多提一些问题

为了了解更多的情况，求职者应利用应聘机会，对招聘单位多提问题，为寻求一份理想的工作提供全面的参考。很多求职者在应聘时仅留下一份个人求职材料，对有关劳动合同签订的问题不闻不问，一无所知，经过考试或筛选后才想起有关签订劳动合同的问题。这样既影响对求职机会的把握，又浪费了时间。

2. 要求签订书面合同

许多劳动纠纷都是因为没有签订劳动合同或是劳动合同的内容不详细、不合理而引发的，不要为了省事而忽略劳动合同的签订。现在，很多用人单位，尤其是民营、私营企业都存在规模不大、资金紧缺的问题，同时又要面对技术与产品更新速度快、竞争激烈的现状，有些企业并不乐意与新聘的员工签订书面形式的劳动合同。不签的话可以主张两倍赔偿。

3. 要仔细阅览合同范本

通过对劳动合同范本的阅览，求职者既可以看出用人单位的管理是否规范，同时又是对自己负责的一种表现。对用人单位出示的劳动合同范本，要浏览其内容，对有疑问之处，要询问招聘单位；对不愿意接受的条款，要向招聘单位提出修改意见，以确定是否应聘这份工作。

4. 做到不签合同不试用

按照《劳动法》的规定，劳动合同中可以约定试用期（试用期最长不得超过6个月），但试用期应当包含于劳动合同期限内。即用人单位与求职者达到一致，就应签订劳动合同。用人单位可根据需要在劳动合同中约定短于6个月的试用期，不得把试用期独立于劳动合同之外。部分用人单位为了节省开支和逃避义务，利用求职者无知和求职心切的心态，不与求职者签订正式的劳动合同。试用期一到，用人单位就以试用不合格为由，辞去这批员工，再去招聘新员工，求职者被欺骗却又无可奈何。

（二）在签订劳动合同中应注意的事项

由于劳动合同是用人单位和求职者建立劳动关系、履行各自义务、维护各自权利的依据。不要由于求职者对劳动合同的重要性认识不足，对签订劳动合同的知识掌握不多，导致所签订的劳动合同存在不少漏洞。记住在签订劳动合同时，双方的地位是平等的。这就需要求职者克服两个方面的问题：一方面用人单位有意无意在劳动合同中加入一些不利于求职者的内容；另一方面，是由于求职者本身粗心大意、缺少经验等原因造成。求职者在签订合同时一定要明辨是非，对以下几种不平等的劳动合同签订一定要慎重：

1. 模糊合同

模糊合同是对合同的有关条款用概括、笼统的语言填写，合同内容泛泛而谈，没有实质性的内容或是合同内容表述不清、模棱两可、概念模糊，这样易产生歧义。一旦发生纠纷，难以评判和确定。

2. 口头合同

口头合同是双方以口头形式规定用人单位的权利和求职者的义务，以口头承诺方式确定用人单位的义务和求职者的权利，没有按《劳动法》的规定签订书面形式的劳动合同，一旦发生劳动争议欲申请仲裁或法律诉讼时却口说无凭，无法考证。故而应当保留能够证明劳动关系存在的各项证据。

3. 不全合同

不全合同是用人单位事先按照劳动合同的范本印好合同，只等求职者在合同上签字或盖章。但求职者在签订合同时却发现，合同的内容不全，不是少这，就是缺那，此外，劳动合同一般会有附加条款，求职者签订前一定要让用人单位拿出原文，审看无异议后再与用人单位当面签字盖章，以防某些用人单位利用签订时间先后的不同而在合同上动手脚。

4. 单方合同

单方合同是用人单位利用求职者求职心切，只约定求职者有哪些义务、如何遵守规章制度、违反劳动合同要承担哪些责任等，关于求职者的权利，除劳动报酬外，劳动合同、劳动条件等方面的内容只字不提。

5. 抵押合同

抵押合同是有的用人单位要求求职者把有关证件及工资福利进行抵押，若求职者违反约定，则没收抵押物或抵押金。用人单位因此有恃无恐，求职者只得惟命是从。实际上此类行为违反劳动法，可向劳动监察部门举报，一次罚款数千元不等。

6. 卖身合同

卖身合同是一些用人单位与求职者在合同中约定求职者必须"一切行动听指挥"。在工作中，要求求职者加班加点，强迫求职者超负荷劳动，有的单位甚至连吃饭、穿衣、上厕所都规定了苛刻的时间，剥夺了求职者的休息权、休假权，严重的还侮辱、谩骂、体罚和殴打求职者。

7. 双份合同

双份合同是有些用人单位慑于劳动主管部门的监督，为逃避检查，与求职者签订两份合同。一份是假合同，内容按照劳动部门的要求签订，以应付检查，实际上并不遵照执行；一份为真合同，是用人单位从自身利益出发拟定的，合同中规定的权利和义务极不平等。

8. 生死合同

生死合同是一些危险性行业的用人单位不按《劳动法》的有关规定履行安全、卫生义务，为逃避责任，常常在合同中与求职者约定"工伤概不负责"，或只是约定一些无足轻重的责任，与国家规定的赔偿标准差之甚远。

9. 私藏合同

劳动合同应该一式三份，分别由用人单位、求职者和劳动鉴证部门收藏，并具有同等法律效力。有的用人单位把几份合同单方私藏，使求职者无法按合同的规定履行义务和权利，出现劳动关系纠纷时，求职者也拿不出有效的依据。

10. 收费合同

一些用人单位利用签订劳动合同的机会，向求职者收取不合理或不合法的各种费用。如向求职者收取保证金和风险金等，求职者若有违反管理的行为，用人单位便扣留这部分钱款。按照《劳动合同管理规定》的要求，用人单位不得收取上述款项，一经查实，还应处以一到三倍的罚款。

（三）签订劳动合同后应注意的事项

劳动合同签订后，求职者便成为用人单位的一员，承担某种职务职责或某项工作，遵守用人单位的规章制度，完成劳动任务；用人单位按照求职者劳动的数量与质量支付劳动报酬，保证求职者依法享有的各项合法权利。依法签订的劳动合同具有法律约束力。但并不是所有经双方签了字、盖了章的劳动合同都受法律保护。有些合同从订立之时起就没有法律效力，对用人单位和求职者都没有约束力。比如以下几种情况：

1. 违反法律、行政法规的劳动合同。

2. 合同主体不合格的，比如不满 16 周岁的公民签订的劳动合同（除法律有特殊规定的，例如杂技团小演员等特殊用工）一律无效。

3. 严重违反程序订立的劳动合同，如应该经人力资源和社会保障部门鉴证而没有报请鉴证的劳动合同无效。

4. 采取欺诈、威胁等手段订立的劳动合同。

劳动合同不符合形式的，如应当订立合同而没有签订书面合同的无效。求职者与用人单位签订的劳动合同如果属于以上情况的，应向劳动仲裁委员会或人民法院申请仲裁或诉讼，以维护自己的合法权益。

拓展阅读：

济南市劳动合同范本

甲方（用人单位）

名　称：＿＿＿＿＿＿＿＿＿＿＿＿＿＿＿＿＿＿

地　址：＿＿＿＿＿＿＿＿＿＿＿＿＿＿＿＿＿＿

法定代表人（主要负责人）：＿＿＿＿＿＿＿＿

联系电话：＿＿＿＿＿＿＿＿＿＿＿＿＿＿＿＿＿

乙方（劳动者）

姓名：＿＿＿＿＿＿＿＿　性别：＿＿＿＿＿＿

现居住地址：＿＿＿＿＿＿＿＿＿＿＿＿＿＿＿＿

户籍所在地：＿＿＿＿＿＿＿＿＿＿＿＿＿＿＿＿

户籍类型（非农业、农业）：＿＿＿＿＿＿＿＿＿

身份证号码：＿＿＿＿＿＿＿＿＿＿＿＿＿＿

或者其他有效证件名称：＿＿＿＿＿＿＿＿＿＿

证件号码：_____

联系电话：_____

根据《中华人民共和国劳动合同法》及相关法律、法规的规定，甲乙双方遵循合法、公平、平等自愿、协商一致、诚实信用的原则订立本合同。

一、劳动合同期限

第一条　本合同期限经双方协商一致，采取固定期限形式。固定期限：自____年__月__日起至_____年__月__日止。其中，试用期自_____年__月__日起至____年__月__日。

二、工作内容和工作地点

第二条　乙方同意根据甲方工作需要，从事_____岗位工作。甲乙双方可签订岗位协议书，约定岗位具体职责和要求。

第三条　乙方应按照甲方安排的工作内容及要求，认真履行岗位职责，按时完成工作任务，遵守甲方依法制定的规章制度。

第四条　根据甲方的岗位（工种）作业特点，乙方的工作区域或工作地点为甲方办公室。

第五条　甲方因生产经营需要调整乙方的工作内容，应协商一致，按变更本合同办理，双方签字或盖章确认的协议书或依法变更通知书作为本合同的附件。

三、工作时间和休息休假

第六条　甲方安排乙方执行标准工时工作制。标准工时工作制：乙方每日工作不超过八小时，平均每周不超过四十小时，每周至少休息一天。

第七条　甲方依法保证乙方的休息权利。乙方依法享受法定节假日以及探亲、婚丧、计划生育、带薪年休假等休假权利。

第八条　甲方确因生产经营需要，经与工会和乙方协商后可以延长工作时间，一般每日不超过一小时；因特殊原因需延长工作时间的，在保障乙方身体健康的条件下，延长工作时间每日不超过三小时，每月不超过三十六小时。

四、劳动报酬

第九条　甲方结合本单位的生产经营特点和经济效益，依法确定本单位的工资分配制度。乙方的工资水平，按照本单位的工资分配制度，结合乙方的劳动技能、劳动强度、劳动条件、劳动贡献等确定。

第十条　甲方按下列计时工资形式支付乙方工资。按照甲方依法制订的工资分配制度确定。乙方在试用期期间的工资标准为____元/月（不得低于约定工资的80%或单位相同岗位最低档工资，并不得低于单位所在地最低工资标准）。

第十一条　甲方于每月20日前以货币或转账形式足额支付乙方工资。如遇节假日或休息日，应提前到最近的工作日支付。乙方提供了正常劳动的，甲方支付给乙方的工资不低于当地最低工资标准。甲方应书面记录支付乙方工资的时间、数额、项目、签字等情况，并向乙方提供工资清单。乙方有权查询本人的工资支付记录，甲方应当及时提供相关资料。

第十二条　非因乙方原因造成停工、停产在一个工资支付周期内的，甲方应支付乙方的正常工资；停工超过一个工资支付周期的，甲方安排乙方工作的，按照双方新约定的标准支付工资，但不得低于当地最低工资标准；甲方没有安排乙方工作，乙方没有到其他单位工作的，应按照不低于当地最低工资标准的70%支付乙方基本生活费。国家和省另有规定的，依照其规定执行。

第十三条　甲方安排乙方延长工作时间或者在休息日、法定节假日工作的，应依法安排乙方补休或者按照国家相关规定向乙方支付加班工资。甲方应当将加班工资在下一个工资发放日或者之前支付给乙方。计算加班工资的工资基数，应当按照乙方上一月份提供正常劳动所得实际工资扣除该月加班工资后的数额确定。乙方上一月份没有提供正常劳动的，按照向前顺推至其提供正常劳动月份所得实际工资扣除该月加班工资后的数额确定。

五、社会保险和福利待遇

第十四条　甲乙双方必须按照国家和省、市有关社会保险法律、法规和政策规定参加社会保险，依法缴纳各项社会保险费。其中，乙方负担的部分由甲方负责代扣代缴。

第十五条　乙方在合同期内，休息休假、患病或负伤、患职业病或因工负伤、生育、死亡等待遇，以及医疗期、孕期、产期、哺乳期的期限及待遇，按相关法律、法规的规定执行。

六、劳动保护、劳动条件和职业危害防护

第十六条　甲方建立健全操作规程、工作规范和劳动安全卫生、职业危害防护制度，并对乙方进行必要的培训。乙方在劳动过程中应严格遵守各项制度规范和操作规程。

第十七条　甲方为乙方提供符合国家规定的劳动安全卫生条件和必要的劳动防护用品。安排乙方从事有职业危害作业的，定期为乙方进行健康检查。

第十八条　甲方对可能产生职业病危害的岗位，应当向乙方履行如实告知的义务，并对乙方进行劳动安全卫生教育，预防劳动过程中事故的发生，减少职业危害。

第十九条　甲方违章指挥，强令冒险作业，危及乙方人身安全的，乙方有权拒绝。乙方对危害生命安全和身体健康的劳动条件，有权对用人单位提出批评、检举和控告。

七、劳动合同的履行、变更

第二十条　甲乙双方按照本合同的约定，依法、全面履行各自的义务。

第二十一条　甲方变更名称、法定代表人、主要负责人或者投资人等事项，不影响本合同的履行。

第二十二条　甲方发生合并或者分立等情况，本合同继续有效，由承继甲方权利和义务的单位继续履行。

第二十三条　经甲乙双方协商一致，可以变更本合同约定的内容，并以书面形式确定。

八、劳动合同的解除、终止

第二十四条　甲乙双方解除、终止本合同，应当按照《劳动合同法》第三十六条、第三十七条、第三十八条、第三十九条、第四十条、第四十一条、第四十二条、第四十三、第四十四条的规定进行。

第二十五条　甲乙双方解除、终止本合同，符合《劳动合同法》第四十

六条规定情形的，甲方应依法向乙方支付经济补偿。

第二十六条 甲方违法解除或者终止本合同，乙方要求继续履行本合同的，甲方应当继续履行，乙方不要求继续履行本合同或者本合同已经不能继续履行的，甲方应当依法按照经济补偿金标准的两倍向乙方支付赔偿金。乙方违法解除劳动合同，给甲方造成损失的，应当承担赔偿责任。

第二十七条 解除、终止本合同时，甲方应当依据有关法律、法规等规定出具解除、终止劳动合同的证明，并在十五日内为乙方办理档案和社会保险关系转移手续。乙方应当按照双方约定，办理工作交接。应当支付经济补偿金的，在办结工作交接时支付。

九、其他事项

第二十八条 甲方为乙方提供专项培训费用，对其进行专业技术培训，双方可以订立专项协议，约定服务期。乙方违反服务期约定的，应当按照约定支付违约金。

第二十九条 乙方负有保密义务的，双方可以订立专项协议，约定竞业限制条款。乙方违反竞业限制约定的，应当按照约定支付违约金。给用人单位造成损失的，应当承担赔偿责任。

第三十条 以下协议作为本合同的附件：1. 岗位协议书 2. 保密协议书。

第三十一条 甲乙双方因履行本合同发生劳动争议，可以协商解决。协商不成的，可以依法申请仲裁、提起诉讼。

第三十二条 本合同未尽事宜，按国家和省有关规定执行。

第三十三条 本合同自甲乙双方签字或盖章之日起生效。本合同一式两份，甲乙双方各执一份。

甲方（公章）　　　　　　　　　　乙方（签名）

法定代表人（主要负责人）：

或委托代理人（签名或盖章）：

签订日期：　年　月　日　　签订日期：　年　月　日

第四节 劳动争议的处理

目标：

劳动争议发生后如何按照合理的程序处理，当事人应该提供哪些材料、证据，应当承担什么样的责任，保护个人的合法权益。

任务：

通过本节的学习，清楚发生劳动争议是社会活动中不可避免的。面对劳动争议，要做到头脑清楚。一旦发生劳动争议，要严格按照合理、合法的处理程序，解决出现的争议，用法律武器维护个人权益。

劳动争议是用人单位与员工之间因为薪酬、工作时间福利、解雇及其他待遇等工作条件的主张不一致而产生的纠纷。我国处理劳动争议的程序通常为：协商、调解、仲裁和诉讼。《中华人民共和国企业劳动争议处理条例》第6条规定："劳动争议发生后，当事人应当协商解决。不愿协商或者协商不成的，可以向本企业劳动争议调解委员会申请调解，调解不成的，可以向劳动争议仲裁委员会申请仲裁。当事人也可以直接向劳动争议仲裁委员会申请仲裁。对仲裁裁决不服的，可以向人民法院起诉。"

一、协商

劳动争议双方当事人在发生劳动争议后，应当首先协商，找出解决的方法。协商一致的，当事人可以形成和解协议。但和解协议不具有强制执行力，需要当事人自觉履行。协商不是处理劳动争议的必要程序，当事人协商不成或不愿协商的，可以依法申请调解和仲裁。

二、调解

调解，是处理劳动争议的基本形式，是企业内基层群众性组织对劳动争议所做的调解与其他调解形式存在根本的不同。对构建和谐劳动关系、构建和谐社会具有重要意义。

（一）调解组织

1. 企业劳动争议调解委员会。

2. 基层人民调解组织。

3. 在乡镇街道设立的具有劳动争议调解职能的组织企业劳动争议调解委员会，出职工代表、企业代表组成。

（二）调解协议书

调解协议书由双方当事人签名盖章，经调解员签名并加盖调解组织印章后生效，对双方当事人具有约束力，当事人应当履行。

（三）调解协议的履行

一方当事人不履行的，另一方可以依法申请仲裁。因劳动报酬、工伤医疗费、经济补偿或赔偿金事项达成调解协议，用人单位在约定期限内不履行的，劳动者可以持调解书向法院申请支付令。

三、仲裁

（一）劳动仲裁的依据是《劳动争议调解仲裁法》。

（二）劳动争议仲裁解决原则。

1. 一次裁决原则；

2. 合议原则；

3. 强制原则。

（三）仲裁时效的起算点是从当事人知道或者应当知道其权利受到侵害之日起算起。

（四）劳动争议仲裁的申请与受理。

1. 申请

申请时效为 1 年。注意中断（主观事由）与中止（客观事由）的条件。

2. 受理

收到仲裁申请之日起 5 日内受理。受理后 5 日内送仲裁申请副本。10 日内提交答辩状。

3. 审理

申请人无正当理由拒不到庭或中途退庭，视为撤回申请；被申请人无正当理由拒不到庭或中途退庭，可缺席裁决。部分事实清楚的，可就该部分先行裁决。

4. 执行

当事人对仲裁不服的，可自收到仲裁裁决之日起 15 日内向人民法院提起诉讼。逾期不起诉的，仲裁裁决即发生法律效力。一方当事人不履行的，另一方当事人可向人民法院申请强制执行。

四、诉讼

劳动争议当事人如对仲裁决定不服，可以自收到仲裁决定书 15 日之内向人民法院提起诉讼。一般审限为 6 个月。但是，劳动争议当事人未经仲裁程序不得直接向法院起诉，否则人民法院不予受理。

拓展阅读：

劳动争议案件举证指引

为便于当事人进行劳动争议诉讼，现就当事人在劳动争议诉讼中的举证事项通知如下：

一、原告向人民法院提起劳动争议诉讼时应当提交下列证据材料：

（一）原告、被告方基本情况的证据材料，自然人的应证明姓名、性别、出生年月日、民族、工作单位、户籍所在地、现居住地；企业、个体经济组织、国家机关、事业组织、社会团体的应证明其工商登记情况或法人登记情况，雇主为当事人的应证明雇主招用人员人数；

（二）劳动仲裁申诉人向劳动仲裁委员会提交的"申诉书"；

（三）劳动仲裁委员会作出的仲裁裁决书或不予受理通知的书面裁定、决定、通知；

（四）原告收到仲裁文书时间的相关证据材料。

二、用人单位在劳动争议诉讼中应承担的举证责任如下：

（一）劳动者已举证证明在用人单位处劳动，但用人单位主张劳动关系不成立的，用人单位应当提交反证；

（二）用人单位应就劳动者已领取工资的情况举证；

（三）用人单位延期支付工资，劳动者主张用人单位系无故拖欠工资的，用人单位应就延期支付工资的原因进行举证；

（四）劳动者主张加班工资的，用人单位应就劳动者实际工作时间的记录举证；

（五）双方当事人均无法证明劳动者实际工作时间的，用人单位就劳动者所处的工作岗位的一般加班情况举证；

（六）用人单位减少劳动者劳动报酬的，应就减少劳动报酬的原因及依据举证；

（七）用人单位应就解除劳动合同或事实劳动关系所依据的事实和理由举证；

（八）用人单位主张劳动者严重违反劳动纪律或企业规章制度的，应就劳动者存在严重违反劳动纪律或企业规章制度的事实，以及企业规章制度是否经民主程序制订并已向劳动者公示的事实举证；

（九）用人单位应就各种实际已发生的工伤赔偿支付事实举证；

（十）依法应由用人单位承担的其他举证责任。

三、劳动者在劳动争议诉讼中承担的举证责任如下：

（一）劳动者主张工资标准就应当高于劳动合同约定或已实际领取的工资数额，劳动者应就其主张的工资标准举证；

（二）劳动者主张用人单位减少劳动报酬的，应就用人单位减少劳动报酬的事实举证；

（三）劳动者主张订立无固定期限劳动合同的，由劳动者就订立无固定期限劳动合同条件成立举证；

（四）劳动者主张工伤赔偿的，应就存在因工伤害的事实及工伤认定、伤残等级及鉴定时间、工伤住院治疗起止时间及费用、同意转院治疗的证明及所需交通费和食宿费、应安装康复器具的证明及费用等事实举证；

（五）女职工主张"三期"（孕期、产期、哺乳期）权利的，应就存在"三期"的事实、起止时间以及是否存在晚育、难产、领取独生子女证的事实举证；

（六）依法应由劳动者承担的其他举证责任。

四、当事人在劳动争议诉讼中按其主张承担下列举证责任：

（一）主张劳动关系成立的应当提交相应的劳动合同或就工资领取、社会保险、福利待遇及工作管理提供相关证据材料。

（二）当事人主张已解除劳动合同或解除事实劳动关系的，应就此主张举证。

五、人民法院审理一审劳动争议案件，适应普通诉讼程序时，当事人应当在收到本举证通知之次日起三十日内完成举证，逾期视为放弃举证权利；

人民法院审理一审劳动争议案件，适应简易诉讼程序时，当事人应当在收到本举证通知之次日起十五日内完成举证，逾期视为放弃举证权利。

六、当事人在举证期限内提交证据材料确有困难的，应当在举证期限内向人民法院申请延期举证，经人民法院准许，可以适当延长举证期限。当事人在延长的举证期限内提交证据材料仍有困难的，可以再次提出延期申请，是否准许由人民法院决定。

七、当事人申请人民法院调查收集证据的，应依法在举证期限届满七日前提出。当事人及其诉讼代理人申请人民法院调查收集证据，应当提交书面申请。申请书应当载明被调查人的姓名或者单位名称、住所地等基本情况，所要调查收集的证据的内容，需要由人民法院调查收集证据的原因，及其要证明的事实。符合下列条件之一的，当事人及其诉讼代理人可以申请人民法院调查收集证据：

（一）申请调查收集的证据属于国家有关部门保存并需人民法院依职权调取的档案材料；

（二）涉及国家秘密、商业秘密、个人隐私的材料；

（三）当事人及其诉讼代理人确因客观原因不能自行收集的其他材料。

八、证人应当出庭作证。当事人申请证人出庭作证应当在举证期限届满十日前向人民法院提出书面申请。

九、当事人在劳动争议仲裁阶段向仲裁庭提交过的证据材料仍然应当按本通知的要求在人民法院指定的举证期限内向人民法院提交。

十、当事人增加、变更诉讼请求的，应在举证期限届满前提出。

十一、当事人未按照本通知要求完成举证责任的，应依法承担举证不能的相应法律后果。

十二、本通知未尽事宜，依法律法规、司法解释。

行动：

处理劳动争议训练

训练一　王某系济南某汽车销售公司（以下简称"销售公司"）员工，王某自2012年2月28日起与销售公司建立劳动关系，任销售部管理人员，双方签订了期限为2015年1月1日至12月31日的劳动合同，月工资包括基本工资、岗位工资和佣金。2015年8月1日，王某被确诊为肺结核（无传染性），医师开具的治疗期为9个月。2015年12月31日，合同到期，但双方均未提出终止合同，王某继续在公司上班，双方形成事实劳动关系。2016年1月31日，公司以双方合同已在2015年12月31日终止为由，不让王某继续到公司上班，并在2月17日向王某发出《关于终止劳动合同的通知》，提出其定于2015年12月31日（即原劳动合同到期日）不再续签劳动合同，终止与王某的劳动关系。销售公司仅支付王某2015年12月31日前的工资，及一个月工资标准的经济补偿金。王某则认为公司支付的经济补偿金数额过低，经与公司协商不成，王某向济南某区劳动争议仲裁委员会提起了仲裁申请。

请问，你认为公司应支付王某多少补偿合适？

训练二 小赵于2012年7月进入某公司。在与公司签订了为期3年的劳动合同后，小王参加了为期3个月的培训。8月，公司要求他签订一份培训费为8000元的培训补充协议，当时小王并不知道真正发生的培训费用是多少，所以就签了。2013年1月1日新的劳动合同法实施后，小赵看到公司张贴的海报，得知他参加的培训实际费用为320元（人/月）。

请问，如果小赵到2013年7月份辞职，究竟要返还给公司多少培训费？培训费用是以哪个为准？

第七章　职业素质与职业能力提升

第一节　职业素质培养

目标：

用人单位十分重视择业者的素质特别是思想道德素质，有的甚至提出"以德为先"，因为一个人才能的发挥跟他的品德有很大的关系。一般而言，社会对学生在校期间的政治进步和荣誉十分重视，因此，学生应该注重自己的思想道德素质和其他职业素质的培养和提高。

任务：

了解职业素质特征及其构成，并进一步理解职业的五项素质对于从业者的重要性。对照企业对从业者的要求，审视自己，在校期间努力培养和提高自身的职业素质。

案例故事：

一个中国留学生在日本东京一家餐馆打工，老板要求洗盘子时要刷6遍。一开始他还能按照要求去做，刷着刷着，发现少刷一遍也挺干净，于是只刷5遍；后来，发现再少刷一遍还是挺干净，于是又减少了一遍，只刷4遍，并暗中留意另一个打工的日本人，发现他还是老老实实地刷6遍，速度自然要比自己慢许多。于是，他便出于"好心"，悄悄地告诉那个日本人说，可以少刷一遍，看不出来的。谁知那个日本人一听，竟惊讶地说："规定要刷6遍，说该刷6遍，怎么能少刷一遍呢？"

案例分析：

打工的日本学生能够严格按照工作要求去做，工作态度认真，即使在没人监督的情况下，也能按规定去做。而中国留学生则认为，只要不被发现，能少刷一遍就少刷一遍，管他规定不规定，工作消极、懒散。

如果你是老板，你希望用哪种心态的员工？

国外一家调查显示：学历资格已不是公司招聘首先考虑的条件。大多数雇主认为，正确的工作态度是公司在雇用员工时最优先考虑的，其次才是职业技能，接着是工作经验。毫无疑问，工作态度已被视为组织遴选人才时的重要标准。

一、素质及职业素质

（一）人的素质

素质是人在生理遗传因素的基础上，通过教育和环境的影响而形成和培养起来的相对稳定的内在基本品质。生理遗传因素是后天基本品质形成的载体。教育包括家庭教育、学校教育和社会教育。环境主要是指社会环境和自然环境。

根据素质形成和发展过程的由低级到高级的层次性，可以把素质划分为：生理素质、心理素质和社会文化素质三个层次。这三者相互渗透、相互促进、相互制约，但不可相互替代。人的素质正是在这样的一种相互制约、相互作用、循环往复中不断得到完善与提高。

（二）职业素质及其特征

职业素质是指劳动者在生理和心理条件的基础上，通过专业（职业）教育（培训）、职业实践和自我完善等途径而形成和发展起来的，在职业活动中起着重要作用的内在基本品质。

不同职业对从业人员的专业知识和技能有着特定的要求。例如，作家对生活要有敏锐的感受力和较强的语言表达能力等；工程技术人员要有研究精神以及文字、图表的交流表达能力等；从事产品销售的人需有较强的公关能力、市场分析能力等。所以说，专业知识和专业技能是职业素质中最具特色的内容。

劳动者的职业素质具有五个方面的特征：专业性、稳定性、内在性、整体性和发展性。

1. 专业性

职业素质的专业性是指劳动者一般都具有一定的专门的业务能力。高职

院校的每一个专业都有一个培养目标，其中业务要求和专业能力是培养目标的重要内容。培养目标告诉我们毕业后将会从事什么样的专业性工作，所以我们要抓紧在校的学习机会，努力提高自己的专业能力。

2. 稳定性

职业素质的稳定性是指劳动者的职业素质一经形成，便会在他的职业活动中稳定地表现出来。一个人的职业素质是在长期执业中日积月累形成的。它一旦形成，便产生相对的稳定性。例如，一个具有良好职业素质的技术工人，那种吃苦耐劳、爱岗敬业的精神就会稳定地表现出来；一个优秀的营销人员，其娴熟的业务水平、诚实守信的品格，无论在哪儿都会稳定地表现出来。

3. 内在性

职业素质的内在性是指人们在对所从事职业的业务要求和专业知识的内在表现。一个从业人员在长期的职业活动中，经过自己学习、认识和亲身体验，清楚知道怎样做是对的，有意识地内化、积淀和升华的这一心理品质，就是职业素质的内在性。它一经形成就以潜能的形式存在，而在职业活动中就会充分呈现出来。职业活动是职业素质外在的桥梁。

4. 整体性

职业素质的整体性是指劳动者的业务知识、专业能力和其他良好品质在职业活动中的综合表现。一个从业人员的职业素质和他整体素质有关，一个人要取得职业生涯的成功，不仅要具备必要的知识、技能，还要具有坚定的信念、社会责任感及良好的自我控制能力和耐挫折能力等。

5. 发展性

职业素质的发展性是指随着社会发展和科学技术的进步，不同的社会历史发展时期对劳动者的职业素质有不同的要求。因此，劳动者必须从时代发展的需要出发，不断地提高和完善自身的职业素质；反之，如果一个劳动者不具备符合时代要求的职业素质，就可能失业。

二、职业素质的构成

职业素质由五个方面的素质构成：思想政治素质、职业道德素质、科学文化素质、专业技能素质和身心素质。

（一）思想政治素质

思想政治素质是指人们在政治上的信念、世界观、价值观。思想政治素质是职业素质的灵魂，对其他素质起统帅作用，规定着其他素质的性质和方向。

职业院校的学生要树立科学的世界观。一方面，要认真学习和掌握马克思主义哲学，认识人类社会历史发展的总趋势，顺应时代发展的潮流；另一方面，要在改造世界的实践中经受各种磨炼，进行陶冶和升华。科学的世界观告诉我们，人生的真正价值在于对社会的贡献，只有在为人类创造幸福的过程中才能获得个人真正的幸福。

理想信念是思想政治素质的灵魂，也是大学生奋发向上的动力。我们的理想就是实现中华民族的伟大复兴，把我国建设成富强、民主、文明的社会主义国家。作为大学生，要把中国梦与个人梦想结合起来，从现实出发，确定正确的职业理想并进行合理的职业生涯规划。自觉把自己的人生追求同祖国的前途命运结合起来，珍惜年华，刻苦学习，努力用人类创造的一切优秀文明成果武装自己，掌握为祖国、为人民服务的真才实学，树立用诚实劳动创造美好生活的思想。

（二）职业道德素质

职业道德素质是社会道德的有机组成部分，是社会道德原则和道德规范在职业生活中的具体表现。它包括职业态度、职业道德修养水平等。职业道德素质是职业素质的核心。

职业道德是一个历史范畴。社会主义职业道德规范的具体要求是：诚实守信，办事公道，爱岗敬业，服务群众，奉献社会。为人民服务是职业道德素质的核心。

劳动者应把职业道德规范内化为自己的信念，在职业活动中自觉地去遵守。一个人只有具备一定的道德修养，才能在职业活动中刻苦地钻研业务，提高技能，注意产品质量和服务质量，讲究信誉，踏实地履行岗位职责。

（三）科学文化素质

科学文化素质是指人们对自然、社会、思维、科学知识等人类文化成果的认识和掌握的程度。它包括：科学精神、求知欲望和创新意识。

科学精神就是从实际出发，按事物发展规律办事，不迷信、不盲从、不附和、实事求是。21 世纪是一个信息技术、新材料、新能源技术等技术发展的全新的时代，这是迄今为止科技发展和社会发展史上规模最大、发展最快、影响最深的科技革命。知识更新加快，我们在学校所学的部分知识已经不能适应社会、经济发展的需要，因此，大学生应在实践中不断学习先进的文化专业知识，拓宽知识面，提高自己的文化专业知识素质，以适应新形势发展的需要。

科学文化素质不仅影响着人们的生活质量，也影响、改变着人的思想观念和价值标准。科学文化素质是职业素质的基础。如果不掌握一定的科学文化知识和构建合理的专业知识结构，就不可能拥有过硬的职业素质。

（四）专业技能素质

专业技能素质是指人们从事某种职业时，在专业知识和专业技能方面所表现出来的状况与水平。专业技能素质是职业素质的关键。

专业知识是建立在科学文化知识基础之上的与从事的职业密切相关的知识，必须通过专业学习和职业活动来获得。高职院校是培养技能型专门人才的，无论什么专业都会开设一定的专业基础和专业技术课，使同学们掌握专业知识。专业技能是在领会专业知识的基础上，经过专业学习过程中的实践训练和职业实践而逐步获得的。掌握专业技能，是就业的基本条件。一个人的专业技能素质越强，在职业生涯中所发挥的作用就越显著，创造力也就越强。

（五）身体心理素质

身体心理素质是指从业者的身心健康的状况和水平，包括身体素质和心理素质两个方面。身体素质是指人体在先天遗传和后天影响的基础上所形成的体格和精力等生理方面相对稳定的基本品质，包括力量、速度、耐力、灵活性、平衡、劳动后恢复体力的能力等。心理素质主要指个体在心理过程、个性心理等方面所具有的基本特征和品质，是一个人在思想和行为上表现出来的比较稳定的心理倾向，包括人的情绪、意志、性格、兴趣、气质、能力等。身体心理素质是职业素质的前提条件，从业人员只有具备身体心理素质，才能满足职业的要求，创造出较高的工作效率。

除了上述五个方面外，职业素质还包括创新能力、计算机操作能力、交流沟通能力等。创新是国家发展，民族进步的灵魂。如果自主创新能力上不去，靠技术引进，就难以摆脱落后的局面。因此，学生应培养开拓创新精神，从实际出发，不拘陈规，敢于提出新问题，善于解决新问题。培养勇于创新的品质和才干。

拓展阅读：

企业选人才关键看综合素质

企业需要什么样的人？对 2005 年深圳毕业生"双选会"的调查显示：学历过线、专业对口、责任心强、正直诚信、善于合作、综合素质高的应聘者是用人单位最愿意选用的人才。

深圳 2005 年毕业生春季"双选会"暨专业人才交流会上，6000 个职位迎来全国各地 6 万学子应聘，供需见面，双向选择，招聘现场人头攒动，应聘者留下了 8 份"个人简历"和应聘资料。

600 家用人单位进场招贤纳士，它们主要为深圳和周边地区的高新技术（项目）企业、金融机构、外商投资企业、股份制企业和民营企业，多数为用人需求大户，如富士康、康佳、TCL、深圳航空有限公司、三九制药、中航企业集团、交通银行等。招聘的职位大多集中在财经类、理工类和深圳地区社会经济发展急需的一些专业上。

招聘者十里挑一，职位竞争十分激烈。企业需要什么样的人？企业依据什么标准选人？除了第一门槛——学历过线、专业对口等基本的硬件外，用人方主要选的是应聘者的综合素质。

笔者从现场得到一份《深圳市 2005 年毕业生春季"双选会"暨专业人才交流大会需求信息》，该资料收集了 135 家企业提供的招聘需求信息，其中生产建设类企业 84 家，服务类企业 51 家；除了岗位招聘需求的数量、学历、专业要求外，大部分招聘方对应聘者明确提出了综合素质的条件要求：生产类企业有 56 家，占 84 家的 67%，服务类企业有 31 家，占 51 家的 60%。

如某保险股份有限公司招聘"信息技术员"两名，条件是："1. 男，35 岁以下，本科以上学历；2. 思维活跃，工作积极主动，有较强的学习和适应能力；3. 具有良好的创新意识和团队协作精神；4. 具备良好的沟通能力及有较强的分析、解决问题的能力；5. 熟悉数据库操作及网络编程者优先考虑。"某国际企业股份有限公司对"商业零售招商人员"的招聘要求是：商业、国际贸易专业本科毕业，英语六级以上，有较好的沟通和协调能力，良好的职业道德，善于学习，乐于团队工作。

笔者对资料中 87 家招聘方提出的综合素质条件进行统计，按每个岗位提出 1 项算 1 次，逐项统计，得出总数 1197 项次，并按"职业道德与态度""能力要求"两大类分列 13 项，其中"团队合作""责任心""吃苦耐劳"分别排在"职业道德与态度"的前三位；"与人沟通""外语应用"和"信息处理（计算机应用）能力"分别排在"能力要求"的前三位。该份资料中招聘的职位（群）共有 12 个，可以归并成"生产类"（包括"一般职位""技术职位""研发设计"）、"服务类"（包括"客户服务""销售贸易""财务""文秘""律师""翻译""策划师"）和"管理类"（包括"项目经理""行政管理""储备干部"）等三大类职位。

可以看出，在职业道德与态度素质方面，六项素质要求在三大类职位的列序基本一致。在能力要求方面，"沟通能力"和"外语"（作为沟通的工具）要求在三大类职位中居前列；在生产类企业中，由于主要为"研发设计"和"技术岗位"，"外语"要求提出的项次高于一般"沟通能力"；"信息处理（计算机应用）能力"在生产类、服务类职位居第三位，而在管理类职位的要求中却排在"解决问题"和"组织协调"能力之后，居第六位，这与岗位要求特点一致。

招聘方：选人才关键看素质

如果把三大类的岗位细分成 12 个职位或职位群（限于篇幅，未细列出），我们还可以大致窥出用人单位对各岗位素质的不同要求。比如，在"研发设计岗位"素质条件项中对应聘者明确提出"创新开发能力"的要求，而类似能力要求在"客户服务""财务岗位"和"翻译""律师"岗位没有提及；对应聘者的"学习能力"要求在"研发设计""技术岗位"排序居第 5 位，"组织协调"能力居第 6 位，而在"项目经理""行政管理"岗位中，"组织协调"能力居第 4 位，"学习能力"居后。这些虽然不一定十分精细、准确，但也可以看出用人单位对素质要求的基本倾向和倚重。

有一些招聘方没有在招聘条件中列明综合素质的要求，他们依据什么标准最后确定入选者呢？笔者曾经问过深圳达实公司（软件企业）的总裁关于招人、用人的条件，他告诉我，他们招人有三关：第一关，人力资源部长，主要看学历与专业；第二关，部门经理，不看学历，只考察应聘者的能力，不问学过什么，只看应聘者适应岗位的能力；第三关，总裁，不看学历，也不看能力，他要考察的是应聘者的道德水平、价值观。

目前，高、中等学校比较注意学生的专业素质培养，在现在就业难的形势下，有的应聘者还高学低就，企业存在人才高消费，一般来说，用人方对应届毕业生的专业能力不大担心，而对应聘者的综合素质要求却十分突出。有不少企业要求应聘者有工作经历，主要是希望应聘者在职业道德和工作态度、职业核心能力方面有过锻炼，拿来能用。在深圳春季"双选会"上，招聘方十里挑一，在专业、学历同等的条件下，挑的主要是应聘者的综合素质。

第二节　职业能力提升

目标：

对学生进行职业能力的培养，有利于学生自身知识、能力、素质的学习和提高，有利于充分挖掘学生的自我潜能，培养学生的创新思维、创新意识，锻炼学生的自主创业能力，从而增强学生的社会竞争力。职业能力培养建立在企业需求的基础之上，根据企业、人才市场对技术人才的需求情况，培养和提高在校学生的职业能力，以有效缩短毕业生步入社会的职业适应期。

任务：

一定的职业能力则是胜任某种职业岗位的必要条件。因此，求职者在进行择业时，首先要明确自己的能力优势以及胜任某种工作的可能性。根据自己所学专业，分析自身拥有哪些职业能力，找出自身的不足，并努力学习、提高相应的能力。

案例故事：

张小洁，29岁，知名大学人力资源专业，合资企业 HR，任职5年：

从学校毕业后我在这家企业待了5年，从文员助理做起，去年因为前任 HR 离职，我从三名候选人中胜出，晋升为 HR 经理。说到优秀的综合能力与资源，我觉得看似容易，但要真正表现得淋漓尽致并不是件容易的事。领导和同事评价我说，之所以提拔我，是因为我亲和力好，沟通能力强，处事圆滑懂得应变，与上下级关系处理得很好，可以较好地把握好公司的人际关系，并且充分发挥作用。我的前任 HR 经理在人力资源各方面其实十分专业，即

使是每周汇报工作的 PPT 文档都相当规范。但他在公司人际关系差，同级的部门总有 90% 以上都不喜欢他。每逢开会，但凡是他提出的建议或意见，几乎从未被采纳过，哪怕是对公司有益的，最终严重影响到公司的正常工作，末了老板只好叫他打报告走人。

案例分析：

众所周知，HR 主要从事的是与人打交道的工作，因此 HR 的综合能力及资源无疑是其工作能力中相当重要的组成部分。很强的亲和力就如同大磁铁，能把优秀人才吸引到公司来。坦诚而让人信任的沟通就像冬日的暖茶，能留住真正的人才。快速的反应及变通就如同 CPU 处理器，能够化解公司内部诸多纠纷和矛盾等。成都人才市场专家马士斌指出，对于一名优秀的 HR 来说，出色的综合能力和资源是不可或缺的。身边的同事看似很平常，但真正的人脉资源往往是从公司内部开始建立，因而拥有好的人际关系也是必不可少的。众所周知，HR 的工作如招聘、培训、考核等都离不开公司其他部门的支持和配合，需要各种资源，这需要优秀 HR 应具备良好的组织协调能力，尤其是跨部门的沟通能力，否则不仅影响到工作效率，而且影响 HR 在其他部门中的地位。在职业生涯定位系统中可以发现，一个人职场成功率的大小往往与其商业价值的高低相关，而商业价值的参考标准除了学历和经历外，还有综合能力、资源以及天赋。张小洁之所以能取代前任 HR 经理，与其表现出的较高的商业价值密不可分，因而她能够在众多企业中脱颖而出，成为快速晋升的职场精英。

核心竞争能力是职业人士生存的利器，是体现个人商业价值的重要依据。无论你在哪家企业任职，也不管该企业是否知名，作为职业达人必须知道自己未来的发展方向和职业目标，并不断积累和提升自己的综合能力，加强执行力的培养，才能成为在某个领域不可被他人替代的优秀精英。

一、能力与职业能力

（一）能力

能力是直接影响人们工作效率、保证人们顺利完成某种工作所必需的个性心理特征。能力与人的工作密切相关，人的能力在工作学习中形成、发展并且在工作、学习中表现出来，如学习能力、交流合作能力、组织能力等。

能力的强弱决定工作效率的高低，所以，从事某种工作又必须以一定的能力为前提条件。

（二）职业能力

职业能力是在学习活动和职业活动中发展起来的，直接影响职业活动的效率，使职业活动得以顺利完成的个性心理特征。职业能力表现在相应的职业活动中。从事同一职业的人，在相同的条件下，如果职业兴趣和职业性格不同，他们的职业能力会有所差异。

职业能力主要包含三方面基本要素：

（1）为了胜任一种具体职业而必须要具备的能力，表现为任职资格；

（2）指在步入职场之后表现出的职业素质；

（3）开始职业生涯之后具备的职业生涯管理能力。

例如：一位教师只具有语言表达能力是不够的，还必须具有对教学的组织和管理能力，对教材的理解和使用能力，对教学问题和教学效果的分析、判断能力等，并且对学生进行有效积极的教育的能力。这才是一个老师的职业能力。

如果说职业兴趣或许能决定一个人的择业方向，以及在该方面所乐于付出努力的程度，那么职业能力则能说明一个人在既定的职业方面是否能够胜任，也能说明一个人在该职业中取得成功的可能性。

二、职业能力构成

由于职业能力是多种能力的综合，因此，我们可以把职业能力分为一般职业能力、专业能力和综合能力。

（一）一般职业能力

一般职业能力主要是指一般的学习能力、文字和语言运用能力、数学运用能力、空间判断能力、形体知觉能力、颜色分辨能力、手的灵巧度、手眼协调能力等。此外，任何职业岗位的工作都需要与人打交道，因此，人际交往能力、团队协作能力、对环境的适应能力，以及遇到挫折时良好的心理承受能力都是我们在职业活动中不可缺少的能力。

1. 一般学习能力。一般学习能力（智力）是指人认识、理解客观事物并运用知识、经验等解决问题的能力，即逻辑思维能力，它包括记忆能力、观

察能力、注意能力。一般学习能力是人在学习、工作、日常生活中必须具备的广泛使用的能力，职业或专业的水平越高，对人的一般能力的要求就越高。

2. 文字和语言运用能力。文字和语言运用能力是指对词及其含义的理解和使用的能力，对词、句子、段落、文章的理解能力，以及善于清楚而正确地表达自己的观点和向别人传递信息的能力。简单说，它包括对文字的理解能力和运用口头、文字、数字、图表的表达能力。不同的职业对人的表达能力要求不相同，例如，教师、营销员、公关人员、工程技术人员等必须具备较好的文字和语言运用能力。

3. 数学运用能力。大部分职业都要求工作者有一定的运算能力，但不同的职业对人的运算能力要求的程度不同。例如会计、出纳、建筑师等职业，对工作者的运算能力要求较高，而法官、律师、护士等职业对人的运算能力要求则一般；对演员、话务员、厨师、理发师等来说，对运算能力的要求相对较低。

4. 空间判断能力。空间判断能力是指能看懂几何图形、识别物体在空间运行中的联系、解决几何问题的能力，如果一个人爱好平面几何并且学得很好，通常这个人的空间判断能力比较强。与图样、工程、建筑有关的职业以及牙科医生、内外科医生等职业，对空间判断能力的要求较高；对裁缝、电工、无线电修理工来说，也要求具有一定的空间判断能力。

5. 形体知觉能力。形体知觉能力是指对物体或图像的有关细节的知觉能力。如对于图形的阴暗、线条的长短作出准确的区别比较，能看出其细微的差异。对于生物学家、建筑师、测量员、农业技术员、医生、药剂师、画家等来说，需要较强的形体知觉能力；而对于历史学家、政治家、社会服务工作者来说，对形体知觉能力的要求不高。

（二）专业能力

专业能力主要是指从事某一职业的专业能力。在求职过程中，招聘方最关注的就是求职者是否具备胜任岗位工作的专业能力。例如：你去应聘教学工作岗位，对方最看重你是否具备最基本的教学能力。

（三）综合能力

这里主要介绍国际上普遍注重培养的"关键能力"，主要包括四个方面：

1. 跨职业的专业能力

从以下三方面可以体现出一个人跨职业的专业能力：一是运用数学和测量方法的能力；二是计算机应用能力；三是运用外语解决技术问题和进行交流的能力。

2. 方法能力

一是信息收集和筛选能力；二是掌握制订工作计划、独立决策和实施的能力；三是具备准确的自我评价能力和接受他人评价的承受力，并能够从成败经历中有效地吸取经验教训。

3. 社会能力

社会能力主要是指一个人的团队协作能力、人际交往和善于沟通的能力。在工作中能够协同他人共同完成工作，对他人公正宽容，具有准确裁定事物的判断力和自律能力等，这是岗位胜任和在工作中开拓进取的重要条件。

4. 个人能力

随着中国经济体制改革的深入、法制的不断健全完善，人的社会责任心和诚信将越来越被重视，假冒伪劣将越来越无藏身之地，一个人的职业道德会越来越受到全社会的尊重和赞赏，爱岗敬业、工作负责、注重细节的职业人格会得到全社会的肯定和推崇。

三、职业能力对职业的影响

（一）一定的职业能力是胜任某种职业岗位的必要条件

任何一个职业岗位都有相应的岗位职责要求，一定的职业能力则是胜任某种职业岗位的必要条件。因此，求职者在进行择业时，首先要明确自己的能力优势以及胜任某种工作的可能性。条件允许的情况下，可以由专业职业指导人员帮助分析，根据求职者的学历状况、职业资格、职业实践等来确定求职者的职业能力，必要时可以通过心理测试作为参考，在基本确定求职者的职业能力和发展的可能性的基础上帮助求职者进行职业选择。

（二）职业实践和教育培训是职业能力发展的前提

1. 职业实践促进职业能力的发展

职业能力是在实践的基础上得到发展和提高的，一个人长期从事某一专业劳动，能促使人的能力向高度专业化发展。例如，计算机文字录用人员，随着工作的熟练和经验的积累，录入的速度会越来越快，准确性也会越来

高。个体的职业能力只有在实际工作中才能不断得到发展、提高和强化。

2. 教育培训促进教育能力的提高

个体职业能力的提高除了在实践中磨炼和提高之外，另外最有效的途径就是接受教育和培训。像我们所熟悉的职业教育、专科教育、大学本科教育、研究生教育等，学生通过对有关知识和技能的掌握，对以后更好地胜任本职工作会有极大的帮助。

3. 职业能力、职业发展与职业创造间的关系

职业能力是人的发展和创造的基础。前面讲到能力是成功地完成某种任务或胜任工作的必不可少的基本因素，没有能力或能力低下，就难以达到工作岗位的要求，不能胜任。个体的职业能力越强，各种能力越是综合发展，就越能促进人在职业活动中的创造和发展，就越能取得较好的工作绩效和业绩，就越能给个人带来职业成就感。

四、职业能力的提升

（一）养成良好的职业习惯

美国作家杰克·霍吉在他的名著《习惯的力量》中说，习惯是一种重复性的、通常为无意识的日常行为规律，它往往通过对某种行为的不断重复而获得。有调查表明，人们日常活动的90%源自习惯和惯性。我们大多数的日常活动都只是习惯而已。习惯一旦形成就难以改变，所以大学毕业生一定要培养良好的职业习惯，这是职业生涯成功的基础。

首先，要守时。信守时间是职业人的基本常识，如果迟到而不以为意，势必会耽误大事。

其次，要忠诚。忠诚是指对组织的忠诚以及对自己职业的忠诚。当我们选择了一个组织作为事业的起点，我们在这个组织一天，就要努力工作，为组织创造价值。而忠诚并不是从一而终，而是指在就职期间，要对组织保持忠诚。

第三，要尊重别人。在公司里要尊重他人的生活方式和个人隐私。在人际交往中，一些敏感话题是不能涉及的，如个人隐私、同事之间的关系、薪资收入等。

第四，要负责。如果你希望得到信任，那么就应该先做一个负责的人。

一个成熟的职业人要有强烈的责任感做支撑，对自己的决策和行为负责。"干一行专一行"，既然选择了这个职业，就要具备强烈的责任心。一份工作刚做几天就觉得"没兴趣"，或是嫌待遇不好，然后跳槽，这是很不负责任的行为。

第五，还要培养积极的心态：1. 学会称赞他人。每个人都希望得到他人的欣赏。大多数人会因为某方面受到赞美而更加努力。2. 学会微笑。微笑是一种令人愉悦的表情，可帮助你建立良好的人际关系。

第六，要遵守规章制度。任何企业都有其切实可行的管理制度，不管你喜不喜欢，作为新人，遵守制度是起码的职业道德。入职后，应该首先学习员工守则，熟悉企业文化，以便在制度规定的范围内行使自己的职责，发挥所能。

（二）注意工作细节

1. 工作态度上的细节

工作态度是对工作所持有的评价与行为倾向，包括工作的认真态度、责任度、努力程度等。

正确的工作态度应该是以永不满足现状的进取精神和一丝不苟、扎扎实实的工作作风，高标准、高质量、高效率地完成各项任务，不断取得优异成绩，这种工作态度表现在很多方面：

（1）精品意识

在工作中要有产品意识、服务意识，要有对产品的消费者负责的意识，在这种意识的推动下，无论做什么工作都要追求完美，精益求精，要让自己的工作结果都是精品，最大限度地体现自己的价值。

（2）认真

工作认真除了不敷衍了事、马虎大意外，还要关注每个细节，从小事入手，把每项工作的每个环节都做精、做细、做到位，工作成果自然显而易见。

（3）爱岗敬业

首先，要有岗位荣誉感，任何岗位的设置都有它的理由，在单位中，无论从事的岗位多么低微，都有其价值，应该认识到自己岗位是不可取代的。其次，要热爱自己的岗位，要把工作当作自己的第二信仰。因为工作是人生最大的主题。自身价值的实现全在于工作，因此职场新人有充分的理由热爱自己的岗位和职业。

2. 工作流程上的细节

（1）制订工作流程

做好每个环节是基于工作流程而言的。工作流程是指一项任务完成的工作步骤或行动的顺序。

每一项工作都不是一蹴而就的，都需要通过一个完整的过程来实现。在工作中，很多新人因为不懂得分解工作，不懂得把自己的工作按照流程逐步完成，因而感到工作毫无头绪、工作压力大。不过，即便懂得制作工作流程，但是若没有做到把每一个工作环节的成果踏踏实实地落到实处，也等于白费工夫。

（2）做好每一个环节

做好每一个环节不但是对自己的工作负责，也是对整个工作以及参与到这个工作中的上下环节负责。能否做好自己这一环节的工作将关系到全局的、整体的、团队的工作质量，因此应该以负责任的态度切实做到以下要求：

第一，把握项目方向。无论自己在整个项目中处于哪个环节，都必须熟悉整个项目，保证工作方向的正确性。第二，制作工作流程表。无论自己的工作多么细小，都要制订自己的工作流程表，排定工作顺序，注明每一阶段的工作目标和工作标准，按工作目标和标准完成工作。第三，做好工作传递。无论是上级传递于下级手中的工作，还是下级继续传递到下一环节，都必须做好沟通和记录，做到清晰明了、规范、彻底。第四，不可盲目冒进。对刚参加工作的大学生来说，工作要按部就班，绝对不能求胜心切，耍小聪明，寻找所谓的捷径。例如，要完成一份公司产品的市场销售报告，就一定要到市场逐一地调查落实，掌握一手的信息资料，不可只凭打几个电话，要几个数据，然后就去编造报告。

3. 工作执行上的细节

作为工作人员要保证自己的工作达到工作标准，达到令人满意的工作效果。如果每个工作都打了折扣，那累积起来形成的后果可能就是不及格，因为每一个被忽略的细节都有可能导致失败。

要做到工作到位，首先要认识到位。要在自己的意识中给自己带上紧箍，保持一种永不满足、永不懈怠的劲头。只要接受了工作，就要无条件地执行工作标准，这也是一个职业人的基本素质，任何借口的拖延都是懈怠的表现，因此在工作中应该注意保持自己的执行力和诚信度。

要做到工作到位，还要给工作树立明确的标杆，也就是明确的工作标准。工作标准的制订大多数时候是由单位根据以往经验及行业标准早已制订好的，但也可以根据具体情况与领导进行沟通，在必要处进行修改。一旦这个标准制订好，就必须按照工作标准的要求，不打折扣，保质保量地完成工作。

4. 工作协调上的细节

有效的沟通是使工作流程畅通的最有效方法。例如，一家公司，老板让一个员工拿复印纸，这个员工跑了 3 趟，老板生气了，感叹员工执行力太差，员工心里埋怨老板连个任务都交代不清楚，只会支使下属白忙活。可见，有效的沟通的确是必要。现代职场中，学会沟通，工作起来就比较轻松。

（三）完善自我

1. 注重学习能力培养，提升知识素质。现代社会是知识爆炸的时代，知识就是力量、就是生产力，不学习则必将被社会淘汰。首先，我们要具备广博的知识修养。丰富的知识储备是我们事业成功的资本和基础，同时在观察和分析问题时才能视野开阔、思维敏捷，抓住问题的实质和关键，更好地处理相关工作。其次，我们还应重点学习专业知识。对于刚入职的新人，公司一般会针对工作内容进行入职培训，这种培训的主要目的是帮助职场新人快速进入工作状态，熟悉公司业务，了解企业文化和企业管理，掌握一定的工作技巧。公司还会组织业务培训，其目的是针对岗位工作展开系统的、专业性、操作性学习。它涉及更多行业信息和专业技巧，需要认真学习和掌握。

2. 提升能力素质。能力是一个人的知识智慧在工作中的综合体现，即完成一定活动的本领。能力素质是个人素质的核心。要把工作做优需注重培养自身四个能力：一是应变创新能力。敢于面对挑战、抓住机遇，敢想、敢干、敢变。二是交际协调能力。要培养通权达变的熟练的人际交往能力，能够善于与上级、同事及其他人员交往，正确处理个人与上级及同事的关系；要培养处理各种矛盾、协调各种关系的能力。三是组织能力，对于自己任务能够合理安排、聚集人力高效率地完成。四是预测和决断能力。要培养全局观念做到深谋远虑，防止目光短浅，能预测事物发展的趋势；要培养自己的决断能力，面对错综复杂、紧迫突发事件能够采取果断措施，解决问题。

3. 保持良好心态，提升身心素质。一要注意克服不良心理影响如自卑、自大、多疑、嫉妒等心理障碍，保持宽阔的心胸，遇事能容、能忍，能泰然处之；二要培养坚强的意志，在遇到困难时能够不气馁、不灰心。做到得意不忘形、失意不失志。

拓展阅读：

优秀的企业需要优秀的员工

优秀员工的要素：

一、要乐于承担更多的责任。

勇于承担责任，对于分给自己的任务，将其当作一件极为重要的事情，分清分量，按时做好。工作就是责任。每个人的工作都是上天赋予的使命，无论干什么工作，都应该做到更好。其中最重要的是保持一种积极的心态，即使是辛苦枯燥的工作，也能从中感受到价值。当你对自己的工作和公司负责的时候，你就会认真对待工作，努力做到最好。当你完成使命的同时，就会发现成功之芽正在萌发。一个优秀的员工，总是主动要求承担更多的责任或自动承担责任。大多数情况下，即使没有被正式告知要对某事负责，也会努力做好。事情可以做好，也可以做坏；可以高高兴兴或骄傲地做，也可以愁眉苦脸或厌恶地做。但如何去做，完全在于自己，这是一个选择问题。有一位名人说过，世上没有鄙微的工作，只有鄙微的态度。而工作态度完全取决于自己。一个人的工作，是他亲手制作的雕像，是美是丑，可爱还是可憎，都由他自己决定的。

如果一个人轻视自己的工作，而且做得很粗陋，那么他绝不会做好，也无法发挥自己的特长。一个人如果不尊重自己的工作，不把自己的工作看成创造事业的要素，而视为衣食住行的供给者，认为工作是生活的代价，是不可避免的劳碌，这是非常低级的观念。常常抱怨工作的人，就算终其一生也难以取得成功。

二、要热爱工作，追求卓越。

热爱自己的工作，对自己的工作投入最大的热情，追求最好、更好。一名优秀的员工，随时随地都具备热忱而且精神饱满，因为人的热情是成就一切的前提，事情的成功与否，往往是由做这件事情的决心和热情的强弱而决定的。碰到问题如果有非成功不可的决心和热情，困难就会得到解决或者变小。这就要有一种不完成任务不放弃的心态对待工作，就是追求卓越，以最好的标准来要求自己。你要站在领导的角度换位思考一下，你月底领薪水就得给人家一个交代，这是做人最起码的职业道德和职业素质，也是良心与道德的问题。再从自己的角度想一想，如果你想做一番事业，那就应该把眼下的工作当作自己的事业，应该有非做不可的使命感。所以说一个人的工作态度折射出他的人生态度，而人生的态度决定一个人一生的成就。作为一名优秀的员工，凡事必须要用心对待，切实做到用心做事。用心做事，就是指用负责务实的精神，去做每一天中的每一件事；用心做事，就是指不放过工作中每一个细节，并能主动地看透细节背后可能潜在的问题。所以，任何时候，只有用心，才能见微知著。不论做任何事情都要追求卓越。一个人的能力有大小之分，天分有高低之分，悟性有好坏之分，但它决定不了一个人的命运。最重要的是勤能补拙，天道酬勤。反之，再好的资质，不去磨炼也难成大器，即使小有成就也不会长久。因此，优秀员工一定要热爱工作，追求卓越，以积极的心态对待工作，对待学习，对待生活。

三、要把敬业当成一种习惯。

敬业，就是要敬重自己的工作，就是要在任何环境下，把敬业当成一种习惯。敬业与你从事的工作无关，不管你做什么工作，只要有敬业精神，你就更容易成功。现在，大家能得到一份自己满意的工作或岗位，都不容易，所以必须要时刻保持高度的敬业精神。不要抱怨额外的工作。在公司里，很多人认为，只要把本职工作做好，把分内事情做好，就万事大吉了。当接到领导或上司安排的额外工作时，就老大不愿意，满脸不情愿。不愿做额外工作，不是有气度和有职业精神的表现，也就是不敬业。因为额外工作对公司来说往往是紧急而重要的，尽心尽力完成它是敬业的良好体现。如果你想成功，除努力做好本职工作以外，还要经常去做一切分外的事，因为只有这样才能时刻保持斗志，才能在工作中不断得到锻炼，充实自己，才能引起别人的注意，对你的成功大有益处。做一些分外工作一定会使你获得良好的声誉，是一笔巨大的无形财富，在你的职业发展道路上会起到关键作用。多做一些分外工作，会使你尽快地从工作中成长起来。

四、要有积极主动的态度。

优秀的员工都是具有积极思想的人。这样的员工在任何地方都能获得成功。而消极被动对待工作的人，是在工作中寻找借口的人，是不会受领导赏识、企业欢迎的。人常说态度第一，聪明第二。自身的工作态度和举动，也会影响大家对你的看法和印象，如果你经常以积极谦虚的态度请教他人，人家必然乐于倾囊相助。优秀的员工除了学习资深同仁的工作方法之外，还要学习如何与同仁和谐共事，以体会团队精神的精髓所在，还要保持积极乐观的心态，谦虚的心态，经常面带微笑，心情开朗。也不可为过失找借口，犯错不认错，反而为己开脱、辩解，把责任推得干干净净，也可能领导会原谅你一次，但他心中一定会感到不快，对你产生"怕担责任"的不良印象。你为自己找借口，不但不能改变现状，而产生的负面影响还会让情况更加恶化。所以，人们经常讲："不为失败找借口，只为成功找方法。"有积极主动的心态，无论做什么事情总是在别人前面。

五、要时刻牢记公司利益。

一个人如果不把公司的利益摆在首位，哪怕有再大的能耐，也不会是一名优秀的员工。一个时刻只为自己着想的人，是难取大成就的，最终会被企业抛弃。一名优秀的员工，在工作中无论做什么事情，都要尽量避免浪费和失误，心中要存有问题的意识、成本意识。公司里经常看到浪费的事情，比如下班后灯仍亮着、空调大开；打电话时短话长说；出差可坐火车非要找各种理由乘飞机；电脑配备一个部室有那么几台就可以了，非要人手一台；耗材、纸张等使用无节制，凡此种种，不胜枚举。另外，一名优秀的员工，一定要时刻心存品质的意识。所谓品质意识，就是尽最大能力把工作做好，完成标准要求。要把工作品质放在第一位，尤其是在目前竞争激烈的商业社会里，一定要严守公司机密。

六、要为工作设定目标，全力以赴地去达成。

一个人如果没有目标，就没有方向感。在工作上如果没有标准，没有计划而只是按照上司的吩咐，说一句动一下，这样的人是无法获得领导赏识和大家的认可的。有目标是百米赛跑，无目标是饭后散步。每个人必须制订自己的工作目标，这是工作的基础、是根本。事先应当考虑最终目标、阶段性目标和办法措施三要素。在制订计划时，你追求的是什么呢？以什么目标开展业务活动？都要认真想想这些问题，然后清晰地记录在卡片上，把它真实地记录下来。要遵循工作流程，脑子里应该时刻存有工作。要依循目标，坚持今日事今日毕这一大原则，按照正确的步骤做事，学会消除工作倦怠症。做任何事情都要提前做好充分准备。作为上班族，要想把第二天的工作做好，最好在下班前几分钟制订出第二天的工作计划，如果拖到第二天才制订工作计划，就比较费劲。因为那时又面临新的工作压力。头一天做好准备工作，可以了解第二天工作可能发生的问题并能采取预防措施，防微杜渐。第一天准备第二天的事，每一天的事都为将来做准备。当你做了准备，机会来到你就会抓住，否则，任何机会都不是你的。所以，机会永远都是给有准备的人准备的。

七、要注重细节，追求完美。

在企业里员工大部分干的都是"小事""具体事"，因此，必须养成注重细节的习惯。如果不注重细节，是很难将工作做到最好的，还可能因小事影响企业大局，即细节决定成败。优秀员工应做到：1. 一定要有时间观念，上班迟到绝不允许，下班绝不能早退。2. 不要把请假当成小事，有些人一旦有什么事就马上请假，非常随便，这是一种对公司非常不负责任的表现。只要能坚持上班，最好不要请假，必须秉持平日认真上班的态度。3. 见面问声"早上好"，是一天工作情绪的开始，是精神充足的保证，更是沟通人际关系、给人留下好印象的要素。4. 上班时不要随意离开座位乱串岗、办私事，用公司电话谈私事。5. 和领导谈话、汇报工作或开会时关掉手机这是有教养的表现。6. 工作场所一定要保持整洁，一天的工作从整理工作场所和打扫卫生开始。

八、要遵守准则。

人们常说，认真做事只能做正确的事，用心做事才能把事做得最好。优秀员工应做到：1. 发挥长处，改进短处，看到他人的长处，反省自己。2. 工作中最大的问题是防患于未然，防止发生意外。3. 过失不可一犯再犯。4. 工作中要有朝气，表现出开朗、充满活力的样子，让工作环境洋溢蓬勃生气，要知道领导不喜欢那些提不起精神的人。5. 开会要有开会的规矩，不能迟到早退，发言要有准备，注意礼节，做好记录。

九、要有团队意识，要为团队着想。

人人都明白，所有成绩的取得，都是团队共同努力的结果。只有把个人的实力充分与团队结合形成合力，才具有意义。优秀员工在团队中要做到：1. 时刻不忘给公司提建议。2. 和同事建立良好的关系。3. 公开场合切勿伤和气。4. 不要加入小帮派。5. 不要越级打报告。6. 不要在公司里传闲言。7. 不要嫁祸他人。

十、要有一颗忠诚的心。

无论干什么事情，无论为谁做事都要忠诚地去对待。试想一个企业、一个公司如果有精明的老板，一个很好的领导班子，再加上优秀员工的倾力合作，大家都一股劲地向前冲，这样的公司没有理由发展不好。

十一、要注重个人形象。

维护公司声誉一个人不论是在公司还是在其他地方都应当非常注重自己的形象，同时极力维护公司的好声誉。应当明白自己形象在别人面前就代表着整个公司的形象。员工们的形象决定企业的形象，没有维护企业形象的意识，肯定不是一名合格的员工。这是基本的职业道德观。如果四处诽谤企业，挖空心思地讽刺企业领导人，那么在智者看来，会显得你眼光太差。如此不值一提的企业，试问你怎么选择了这样的企业作为就业对象？只有企业发展了，员工工资才能提高；只有企业声誉提高了，员工走在街上才有一种荣誉感。身为公司一员，要时时处处关心企业发展，公司发展的重大方针、政策，遇到什么问题该找哪个部门协调等，这些都是每个员工应当关心的问题。只有大家热爱企业，才能为企业发展出谋划策，才能与企业共荣辱。

行动：

根据以上材料，讨论作为优秀员工应具备的职业素质有哪些？

评估：

学完了本章内容，现在请你通过下面的练习检查一下自己，看看是否掌握了本章内容的要点：

    1. 什么是职业素质？它有哪些特征？

    2. 职业素质由几个方面构成？

    3. 什么是职业能力，职业能力对职业发展有哪些作用？

    4. 你认为企业最看重工作人员的哪些能力？你具备了哪些能力？

第八章　工匠精神　匠心筑梦

2016 年 3 月 5 日，李克强总理在十二届全国人大四次会议上所作政府工作报告中提出："要鼓励企业开展个性化定制、柔性化生产，培育精益求精的工匠精神。"弘扬和培育工匠精神，将对我国的经济社会发展、中国制造的未来走向和人才培养模式产生深远的影响。

在我国，工匠精神有着悠久的历史传承和文化积淀。被尊为中华民族始祖的黄帝，就是一位伟大的工匠，传说他发明了用泥土、石头建造房屋，发明了制作衣裳、舟车等。而另一位华夏始祖炎帝，传说他亲尝百草，发明了用草药治病；他垦荒种植，发明了刀耕火种；他还领导部落人民继承先祖技艺，制造出了更为实用的陶器和炊具。作为炎黄子孙，在后续的历史长河中，鲁班、欧冶子、蔡伦、毕昇、李春、黄道婆……无数杰出工匠用自己的创造性劳动，不但为我们留下了丰富的物质遗产，推动了我国古代文明发展的历史进程，更形成了我国工匠独具一格的"尚巧""求精"的精神特质。

工匠精神也是推动整个人类文明发展的重要力量。无论是古巴比伦的青铜大刀、古埃及的金字塔，还是近代英国工匠瓦特发明的蒸汽机，其蕴含的工匠精神催生了一代又一代能工巧匠将"至善至美"作为自己的职业追求。他们求真务实、严谨细致、执着专注、推陈出新，在制作精美器物的同时，不断丰富着工匠文化的精神意蕴。

在以习近平总书记为核心的党中央领导下，我国经济发展进入新常态。"一带一路"战略的实施，需要"弘扬工匠精神，打造技能强国"；崭新的中国品牌，需要一支庞大的知识型、技术型、创新型工匠大军；劳动光荣、技能宝贵、创造伟大，已经成为我们这个时代的主流风尚。

本章就是要让学生从国家、社会和个人三个层面深刻理解工匠精神对于中国制造、民族复兴的伟大意义，努力提高自身对工匠精神的自觉意识，并以实际行动弘扬工匠精神，练就工匠技艺。

第一节　大国工匠

目标：

通过对本节的学习，首先要了解大国工匠的内涵，然后学习大国工匠精神。

任务：

通过自己的观察，发现身边具有大国工匠精神的人，然后学习他们，超越他们。

2015年，央视《大国工匠》的篇首语这样写道："他们耐心专注，咫尺匠心，诠释极致追求；他们锲而不舍，身体力行，传承匠人精神；他们千锤百炼，精益求精，打磨中国制造。他们是劳动者，一念执着，一生坚守。"这既是对片中人物的评价和褒扬，也是对进入新千年后，在经济全球化背景下，为了民族复兴伟业而不懈努力的中国当代工匠品质所做的一个极为精准的表述。

CRH380A型列车曾以世界第一的速度试跑京沪高铁，首家获得美国商标专利局颁发给中国高铁的自主知识产权认证，是中国向全世界推销高铁的一张国际名片。今天的《大国工匠》我们就来认识，打造这张名片的一个不可或缺的人物——高铁首席研磨师宁允展。

486.1公里，这是380A在京沪高铁跑出的最高时速，它刷新了高铁列车试验运营速度的世界纪录。如果把高铁列车比作一位长跑运动员，车轮是脚，转向架就是他的腿，而宁允展研磨的定位臂就是脚踝。每片转向架的体重有1.1吨，定位臂落在四个车轮的节点上，每个接触面不足10平方厘米，当列车以时速300公里运行时，接触面承受的冲击力有二三十吨。缝隙大了，车轮可能会松脱；如果完全焊死，转向架就无法再打开，影响列车检修。

宁允展负责的这道工序，不只在中国，在全世界所有高铁生产线上，都要靠手工研磨。按照国家标准，留给手工的研磨空间只有0.05毫米左右。也就相当于一根头发丝的直径。过去的十多年，宁允展就是在这细如发丝的空间里施展着自己的绝技。磨小了，转向架落不下去；磨大了，价值10几万元的主板就报废了。宁允展的同事说，宁允展的绝活也正在这里，他可以像绣花一样，把切口表面这些隐约的竖线织成一张纹路细密、摩擦力超强的网，"0.1毫米的时候，国内大概有十几个人能干。到了0.05毫米，别人都干不了了，目前就只有他"。

宁允展这双魔术师般的手，传承了父亲的基因。他的父亲是村里的铁匠，宁允展小时候经常跟着父亲帮乡亲们打磨家具，也因此从小就喜欢上了学手艺。初中毕业后，宁允展考上了铁路技校。2006年，他被万里挑一，成为第一位学习380A型列车转向架研磨技术的中国人，宁允展对技术的掌控和精准把握，让日本专家都竖起了大拇指。宁允展成了高铁研磨的第一把手，很快还当上了班长。可是，没过多久，他却找到领导说：不想当班长了，还是让我干活吧。他说，自己对管理不感兴趣，感觉还是干技术工作比较拿手。

宁允展的家，距离工厂有近半个小时的车程，他和妻子的交流基本都在每天上下班的路上，因为一到家，他又开始忙了。在这个三十多平方米的小院里，大部分地盘都是宁允展的。这些磨具，是他自费在网上买的，不是为了别的，而是为了练手艺。一开始，妻子并不理解。

六岁的孩子有着自己的世界，宁允展说，他理解女儿的想法，就像当初，正是因为父亲尊重自己的选择，他才如愿考进铁路技校。

2010年，是380A准备冲高速的关键时刻，这一年，身患白血病七年的父亲第三次入院，宁允展虽然意识到，和父亲在一起的时间不多了，可是他不能天天陪在身边。得到父亲去世的消息，是在他下班的路上。

随着380A冲刺高速成功，宁允展投入到更高速度列车的生产上，并在工作中不断地研发新项目、新工艺，先后获得5项国家级技术专利。

一心一意搞技术，不当班长不当官，宁允展似乎与当下很多人有着不同的追求。宁允展说，我不是完人，但我的产品一定是完美的。做到这一点，需要一辈子踏踏实实做手艺。如果每一件中国制造的背后，都有这样一位追求极致完美的工匠，中国制造就能够跨过"品质"这道门槛，跃升为"优质制造"，让更多的中国产品在全球市场释放更耀眼的光芒！

就CRH380A型列车来说，宁允展用魔术师般的手在0.05毫米空间内打磨列车飞驰的脚踝；而28岁的姚智慧，则用她灵巧的手，零差错地为列车搭建密密麻麻的神经系统。

姚智慧的工作是把高铁列车里密密麻麻的电线，一根根连接起来，相当于给列车搭建一个神经系统。有了它，列车才可以传输动力、传递信号、检测运行状态。一列动车共用到 88 种线型、19726 根线、约 10 万个接线点，而在普通人看来，这些电线的样子都差不多。但在姚智慧眼里，每一根线都不一样，而这种差别就是每根线上面那用数字和字母排列组合成的线号，这些姚智慧都烂熟于心。姚智慧每天要接两三百根线，这也就意味着同一个动作要重复两三百次。哪怕是 1 毫米的误差，小则影响音响照明，大则列车制动不灵，后果不堪设想。姚智慧说，1 毫米的误差也是不允许，必须得严格按照工艺文件，要求多长就是多长，这样才能保证准确性。一根线，反复确认几次甚至十几次，这是姚智慧和这个班组的工作习惯。接线完成后，姚智慧挂上自己的记名签。记名签将永久和这个线卡在一起，直到机车退役。

比起精美绝伦的青铜器、惠泽厚实的都江堰，还有引领世界文明发展的造纸术、印刷术，宁允展、姚智慧的成就也许平淡无奇。但是，当中国再度崛起，在现代科技和社会分工高度发达的 21 世纪，大国工匠大多需要在一个更加细分的岗位上，钻研自己的技术，练出自己的绝活。从宁允展、姚智慧的故事中，我们看到这种细分岗位上的"绝活"是机器所无法取代的，也是决定产品质量甚至"生死"的关键。这使得工业化、信息化时代的"大国工匠"具有现实而深远的意义。

首先，大国工匠身处大到一个行业、小到一个企业的关键生产岗位，这个岗位所需要的技术、技能直接关乎产品品质。可以做一个大胆的假设，如果中国没有像宁允展、姚智慧这样的工匠，那高铁列车就很难成为"中国制造"的一张国际名片。宁允展的岗位，不但关键，更重要的是，宁允展和他精湛的技艺是一个标杆，可以带领整个团队站在精密制造的制高点，解决最高端的工艺难题，提升产品的整体品质。可以说，大国工匠是"中国制造"走向"中国创造"的人才基石。

其次，大国工匠的自身素质，特别是他们对工作的责任感、对事业的忠诚度等精神素质，直接决定着一个品牌的成功打造。

最后，要将"中国制造"打造成高品质的代名词，不但需要一大批优秀的大国工匠，更需要更多的年轻人加入到工匠队伍，在传承和发扬中，让工匠精神成为民族工业的灵魂。在这一点上，宁允展发扬了父亲铁匠功夫的"真传"，姚智慧则得到了现代职业教育的"真传"，两代人在高铁列车上的共同奋斗，实现了中国高铁作为"国际名片"走向世界的梦想。这样的梦想，随着一代年轻工匠的崛起，将会在各行各业局部逐步实现。正如央视《大国工匠》中所言："如果每一件中国制造的背后，都有这样一位追求极致完美的工匠，中国制造就能够跨过'品质'这道门槛，跃升为'优质制造'，让更多的中国产品在全球市场释放更加耀眼的光芒。"

行动：

讨论什么是大国工匠精神？我们应该怎么向大国工匠学习？

第二节　执着专注

目标：

通过本节的学习，你应该明确在自己的学习或工作中，要随时随地的培养自己执着专注的品质。

任务：

在学习或工作中，从一些小事上严格要求自己，做到执着专注，争取做一个具备执着专注优秀品质的人才。

执着专注是优秀工匠的必备品质。执着，是事业成功的科学态度。成就任何事业都是一个过程，这需要时间的打磨，需要耐心的支持。执着就是长久地，甚至用一生来从事自己所认定的事业，无怨无悔，永不言弃。专注就是把精力全部凝聚到自己认定的目标上，一心一意走好自己的路，不达目的誓不罢休。优秀工匠都是有大智慧的人，他们知道自己应该追求什么、舍弃什么；优秀工匠都是有毅力的人，他们知道如何才能坚守自己的理想而不会功亏一篑；优秀工匠也都是有信念的人，他们知道只有锲而不舍、专心致志、淡泊宁静，才能在平凡的工作中锤炼自己的才干，施展自己的抱负，实现自己的价值。

用一生做成功一件事是伟人，用一生做许多事而不成功是凡人。用三十年时间做一件事，不成功都难。一生咬定一个目标不放松，一生磨一镜，"一生只挖一口井，一生只做一件事，黾勉苦辛，朝乾夕惕，才有可能达到光辉的顶点"。

地位仅次于孔子，被尊称为"亚圣"的思想家、教育家孟子教导他的弟子说："今夫弈之为数，小数也；不专心致志，则不得也。"字面意思是说，尽管下棋是一个小的技艺，但如果不是一心一意、心无旁骛地去学，就不可能得到它的精髓。今天，我们用来表述执着专注的工匠精神，其要义就如晚清著名学者郑观应在《盛世危言·技艺》中所言："泰西人士，往往专心致志，惨淡经营，自少而壮而老，穷毕生之材力心思，以制造一物。"泰西的这位工匠，一生只做一件事，不三心二意，不见异思迁。

马荣就是这样一位当代的"泰西人士"。

在一张特制的工作台上，摆放着各式各样精巧的工具，在均匀柔和的灯光下，是一块如镜面一样明亮的钢板。钢板上是一幅以雕刻的点和线构成的人物肖像，凹下去的版纹闪烁着金属光泽。透过放大镜，一双明眸正在仔细观看着钢板，一只灵巧的手拿着雕刻刀，刀锋在钢板上跳跃着，一根根神奇的线条渐渐组成了精美图像。坐在工作台前的，正是中国印钞造币总公司技术中心设计雕刻室的高级工艺美术师马荣。

1978 年，16 岁的马荣考入北京 541 厂技工学校美术班学习。美术班安排了一堂特殊的"课外课"：参观制作人民币的核心部门——雕刻设计室。设计室高大的房间里，雕刻师身穿长袍，手握放大镜，斯文有礼。人民币雕刻是在保密状态下进行的，而这里的雕刻师则是一个个"默默无闻"的"地下工作者"，马荣的心顿时被一种"神秘感"所笼罩。

2015 年 11 月 12 日，新版第五套人民币 100 元纸币面世。在光线下用放大镜观察，这套钞票的毛泽东主席肖像处，能看到点与线交织产生的特殊反光，宛如浮雕，手指轻触还有凹凸感——这是世界钞票原版雕刻领域闻名遐迩的雕刻凹凸技术，而这套人民币毛泽东主席肖像的原版雕刻者就是马荣。

每天早晨 8 点，马荣会准时走进位于北京西南四环外的工作室，穿上工作服，拿出钢板，握起雕刻刀，开始一天的训练。这样的训练，在她 35 年的雕刻生涯中从未停止过。

马荣说，钞票人物的雕刻，对形象的塑造是最难的，表现他的精神气质、空间感、质感，都得用点和线区分开来。而且这种雕刻是不可逆的，只能往上加，不能减。如果这刀大点儿，这块版就废了，前面几个月的心血，因为这一刀归零。

"一开始谁也不会刻，心沉不下来，我给她拿一个杯子，倒上一杯水，让她看着，体会什么是心如止水。这样，她就能坐得住，想着我必须得把这活做好。"这是马荣的师傅赵亚芸回忆 1981 年马荣刚入行时的情形所说的话。

对此，马荣的体会是："就是周边的事物全都没有了，整个人处于一种空灵的状态，这时候才达到能够雕刻的最佳状态。"

心如止水，追求完美，是赵亚芸给马荣上的第一课。

练习雕刻技艺，不仅要忍受长时间伏案的"艰辛劳作"，更需要忍耐"寂寞之苦"。"雕刻师眼中的钞票是艺术与奥妙，需要一刀一刀用心雕琢"，这是马荣从师傅那里学到的第二课。

现在，由马荣雕刻的毛泽东主席肖像成为第五套人民币的核心图案。她也由此成为我国第一位雕刻人民币主景人像的女雕刻家。

几十年来，马荣的故事并不被外界所知，直到2016年4月28日晚，这个当初被一种"神秘感"所笼罩的小姑娘，终于在央视《大国工匠》专题片中揭开了她"刀尖舞者，雕刻人生"的神秘面纱，让我们再次领略了"执着专注"的深刻内涵。

马荣有一把视如珍宝的雕刻刀，棕红色的刀把上，半圆形的正面由于无数次使用已被手掌磨得油光。刀把的背面刻着一个"沈"字，这是第一位使用者的姓氏。刀传至马荣，已经过去了一个世纪。

马荣说，钞票雕刻永远没有学成的时候，我要将这把刀传给一个一生只做这一件事的人，因为我们拥有的是国家技艺。在钞票艺术的传承与创新中使凹版雕刻发扬光大，是我追求的"终身成就"。

的确，我们学习技术技艺的时候需要专心致志，工作的时候需要专心致志，但最可贵的是决定用一生的时间专心致志。马荣就是这样一个人。而焊接技术精湛的高凤林，也是执着专注、锲而不舍的典范。

1980年7月，高凤林从技工学校焊接专业毕业后，成为中国航天科技集团公司第一研究院的一名焊工，这一做就是36年。

在我国火箭制造过程中，高凤林是第一个给火箭"心脏"关键部件进行焊接的人：0.16毫米，是火箭发动机上一个焊点的宽度；0.1秒是完成焊接允许的时间误差。直到现在，已经54岁的高凤林还在继续着他的工作。

在整个航天工业领域，能够做到这项工作的人屈指可数，而能够将几百根管壁厚度只有0.33毫米的管道，通过3万多次精密的焊接操作，把它们编织在一起的人，只有高凤林。

高凤林说，在焊接时得紧盯着微小的焊缝，一眨眼就会有闪失。"如果这道工序需要十分钟不眨眼，那就十分钟不眨眼。"在记者采访时，他不无自豪、略带调侃地对记者说："要不，我现在就瞪给你看看。"

刚入行时的高凤林就知道，焊接质量对于火箭来说意味着什么，特别是发动机，一个小小的瑕疵就可能会导致一场灾难。所以，那是对基本功的训练，高凤林可以说是到了如痴如醉的地步，连吃饭也会下意识地用筷子练手感、练呼吸、练心态、练心境。

高凤林很快就出名了，很多企业都试图用高薪聘请他，包括世界500强的外资企业。高凤林说："诱惑还是比较巨大的，我是一个普通工人，怎么会不动心。"但高凤林最后还是拒绝了。

高凤林说，每每看到我们生产的发动机把卫星送到太空，就有一种成功后的自豪感，这种自豪感是用金钱买不到的。

火箭的研制离不开众多院士、教授、高工，但火箭从蓝图到实物，靠的是一个个焊接点的累积，靠的是一名名普通工人的咫尺匠心。每天高凤林总是最后一个下班，离开前他都要回头看一看自己所做的工件——金光闪闪，就像一件艺术品，很完美。"它是我们的金娃娃，是我们手下产生的东西。"高凤林说。

高凤林说，发射成功后的满足引领他一路前行，成就了他对人生价值的追求，也见证了中国走向航天强国的辉煌历程。

2015年4月30日，高凤林再次走进央视专题节目的镜头，成为当之无愧的"大国工匠"。高凤林对焊接技术的痴迷，源自他1978年在技工学校读书时焊接老师的一次讲课。高凤林清楚地记得，那次来自航空集团的焊接工程师对全班同学说，在数学界，有个哥德巴赫猜想，被称为数学皇冠上的"明珠"，陈景润为了摘取这颗"明珠"，穷尽了一生的心智，终于发明了"陈氏定理"，成为数学界的英雄。焊接这门技术，入门容易精通难，要成为航天系统的焊工则难上加难。如果有一天你们当中有人不但进入航天系统，而且能成为火箭发动机的焊工，那可不得了，那就等于是摘取了焊接领域的这颗"明珠"，那你就是航天领域了不起的英雄。这句话激发了年轻的高凤林内心深处的"英雄"情结。毕业时，他以优异的成绩留在了航天科技集团公司，而且直接进入火箭发动机制造车间。从给师傅打下手做起，这一做就做到现在，做到了超越师傅，做到了与众多院士、设计师、工程师同台攻关，做到了中国航天科技集团公司特种熔融焊接高级技师……

从1980年技工学校毕业，到1994年获得美国ABS焊接许可证，从一个

初出茅庐的毛头小伙，到他的焊件被作为新技术、新材料焊接试件工艺评定标准（这之前，相关试件只有美国人能做），高凤林用了整整 14 年。

高凤林说，在同学毕业十周年聚会时，有的同学下海经商成为百万富翁，有的同学被企业提拔为车间主任……只有他执着于手里的焊枪。但他认为这是自己的选择，"岗位不同，作用不同，仅此而已，心中只要装着国家、装着事业，什么岗位都光荣"。

中国古代哲学家荀子说，锲而不舍，金石可镂。字面意思是说只要不停地雕刻，即便再坚硬的金属和石头也能雕刻成功。荀子以此阐明了一个亘古不变的人生哲理，就是人生一定要有追求，更要有毅力、有恒心，只要坚持不懈、执着专注，才能获得成功。

行动：

讨论：我们在日常的学习或工作中，怎么培训执着专注的品质？

第三节　创新进取

目标：

通过对本节的学习，在学习或工作中要做到发现问题并积极解决问题，做一个创新进取之人。

任务：

在学习或工作过程中，敢于提出问题，敢于创新。

杰出的工匠永远不会停步不前，他们总是不断地创新进取。创新就是利用已有的知识、技能和相应的物质条件，在特定的环境中，对原来的技术或事物进行改进或创新的，从而获得比过去更好的技术或事物。可以这样说，整个人类社会的进步与发展都与创新密切相关，而这种创新的源泉是人类特有的进取之心。

从语义上说，进取是指不满足于现状，力图在现有的基础上不断地有所作为。而进取心就是一种坚持不懈地追求新目标的蓬勃向上的心理状态。人类如果没有进取心，社会就会永远停留在一个水平上。

1983 年出生的吕义聪就是一个创新进取、艺无止境的人。他是吉利集团旗下的浙江金刚汽车制造有限公司总装车间技术质量员，年纪轻轻，就被称为汽车王国的金牌"打工仔"。

2003年，父母双亡、高中没毕业的吕义聪从老家安徽滁州来到浙江台州投奔姑姑一家，姑父介绍他进了一家汽车修理厂。从此，吕义聪开始和汽车打交道。

那时候，吕义聪的想法很简单：能养活自己和妹妹就行。为此，他着魔似的，一天到晚都在鼓捣汽车。修理厂扔掉的废旧零件，他收集起来，拆了装、装了拆，每个都要琢磨十遍八遍。

2004年5月，吕义聪进入吉利集团新建成的浙江金刚汽车制造有限公司。凭着汽修厂的工作经历和入厂后对岗位技术的钻研，四个月后，吕义聪被调到整车调试工段。这时，吕义聪才发现以前自己掌握的修理客车、货车、小面包等"老爷车"的技术根本不够用。吕义聪下定决心，一定要掌握整车调试和排故本领。

此后，处理每台故障车，都是吕义聪绝佳的学习机会。他不厌其烦地请教师傅，把故障车拆散架，把怀疑件换个遍；他学习整车结构，摸透电气原理，研究其他品牌汽车新功能……除了吃饭和睡觉，汽车几乎成了他的全部"快乐"生活。吕义聪说："这种快乐，让我只知道学，也不知道要学到什么程度、什么时候。"

爱学习的吕义聪很快就收获了成绩，2005年8月5日，全国第二届汽车装调工职业技能大赛举行，吕义聪代表吉利集团参赛，最终取得了全国第七名的成绩。2007年10月20日，在全国第三届汽车装调工职业技能大赛的决赛赛场，再次参赛的吕义聪以绝对优势夺得了全国第一名。

在厂外，吕义聪用竞赛冠军赢得荣誉；在厂内，吕义聪更是用技术实力赢得了他人的尊重。2007年，金刚公司承接284辆出口处订单，即将交付时，却发现汽车有异响。技术专家把所有的可能性都排查了，把所有该更换的零部件都更换了，还是没能找到原因。这时，吕义聪走了过来，启动了一辆故障车，半小时后，他回到现场告诉大家，动力转向液壶和发动机怠速控制阀出现了问题。打开一看，问题果然出在这里。

吕义聪从此在厂里成了名人。2013年4月，公司成立了"吕义聪技能大师工作室"。不到三年，吕义聪和工作室的技术精英们就凭借"关于控制变速器壳体油污的项目改善"和"制动油管装配不良的改善"两个项目为企业创造经济效益近千万元。

吕义聪在台州安了家，也开上了车，有人说他年少成名，应该知足了。而吕义聪并没有止步不前，他还有更大的梦想。他说："前段时间，我被派出国学习，看到了我国汽车工业距离发达国家还有很多差距，我要不断学习，还要带动同事们一起学习。现在，我最大的梦想是有一天，在国外的大街上也能随处可见我们中国生产的汽车。"

艺无止境，学海无涯。工匠们大多没有较高的学历，没有接受过正规的高等学校教育，但在工匠们的心里，生产实践就是最好的学校，在这个学校里，时时都在上课，处处皆为课堂，只要留心，手下的工作就是科技前沿的实验课题，手里的产品就是评价学业水平的考试。这里没有毕业论文答辩，但只要努力，就能不断获得"学位"证书。

吕义聪获得了集团公司颁发的 50 多项技术创新成果证书，其中还有两项获得国家授权专利证书。吕义聪开玩笑地说，他爱人是汽车专业本科毕业、学士学位，他俩在一个公司上班，做着同样的工作，几乎天天在一起讨论共同的专业问题，这样推算，自己也可以算是一个"学士"了吧。而吕义聪还在不断地学习，正如他自己所说："我只知道学，也不知道学到什么程度、什么时候。"因此，对吕义聪来说，获得"硕士""博士"等更高级别的"学位"证书是可以预期的一种必然。

为了提高技能和知识，吕义聪给自己定下一条规矩——所有的车辆"异响"故障都要自己来排除。造成"异响"的原因太复杂，每排除一个，就等于学习了一些汽车专业知识。而如果是车子的电器元件出了问题，自己要做到一个人能够查障、拆装和修复，这样可以"逼迫"自己钻研电气电路原理，并且能够学以致用。

吕义聪说，碰到检查不出来的故障，甚至请教老师傅都解决不了的问题，他就会用最笨的办法来解决：在框定的故障范围内，将零件一个一个地拆开检查，如果是一个线束出现问题，就把上百根线全部打开。有一次，一台车的空调出了问题，查的时候好好的，一会儿又出故障。这是最令人头疼的一种故障，涉及机舱、仪表台里很多线束，而且这些线束被装饰板和配件覆盖，拆起来特别麻烦。吕义聪硬是用一个周末的时间把包好的线束拆下来，一根一根地测量，最后发现故障原因是一个线束的接头接触不良。吕义聪说，这等于是做了一次综合检测实验，即便在大学，也不是所有的学生都有这样的学习机会。

吕义聪知道，要提高检测和排故技能水平，理论是非常重要的。因此，他特别注意在遇到问题时有针对性地学习相关原理，排除故障后，再对用到的理论知识进行系统化的梳理。一次，他在写一份技术总结报告时，突然发现自己的许多经验原理都符合基本的汽车原理，这让他非常兴奋，学习的动力就更强了。

这就是工匠的"大学"生涯，杰出的工匠总是将自己定位在"工匠大学"的学府里，努力钻研，提高技艺。吕义聪如此，所有的工匠莫不如此。翟筛红从一个农民工成长为全国劳动模范、全国木工大赛状元，也是走了这样一条求学之路。

1985 年夏天，16 岁的翟筛红初中毕业。看着家中贫困多病的父母，他没有继续学业，而是告诉父亲自己想学门手艺。

江苏靖江以木工手艺精湛而闻名，翟筛红近水楼台，拜了一位木匠师傅。然而，师傅只肯教他锯木、刨板、打眼这些最简单的基本功。直到 18 岁出师，师傅连一张完整的木凳子也没有让他做过。但是，从师傅那里翟筛红学会了埋头苦干，懂得了在实践中学习。出师后不久，凭着师傅交给他的基本功和想要改变自身命运的信念，他很快学会了乡间木匠应该会的所有木工活。翟筛红说："做什么就学什么，走到哪儿就学到哪儿。"他的技艺就是这样不断提升的。

1995 年，翟筛红成为中建五局装饰公司的一名合同工。时任装饰公司总经理的都云树记得很清楚，这个农民工有个性，别人干活间隙喝喝水、聊聊天，只有他一句话不说，不是自己闷头刨料，就是围着别人做好的成品反复看。收工后，也从不像别的工友一样打牌、喝酒，而是画草图、读书。最让都云树震惊的是，有一天这个寡言少语的小伙子跑到自己面前，居然向他借一本叫《营造法原》的书。

《营造法原》是民国初期营造大师姚承祖的经典著作，建筑专业的大学生读起来都极为吃力，只有初中文化的翟筛红也想一窥其中奥秘，这让都云树非常吃惊。没想到半年后，翟筛红不但把书中的精华装进了自己脑子里，还用装修剩下的废弃边角料做出了书中一些典型结构图的实物模型。

功夫不负有心人。在别人不经意间，翟筛红已经一点点化茧成蝶，从一个手艺平平的小木匠成为绝技在身的顶尖高手。

2006 年，在全国首届建筑技能大赛中，翟筛红一举获得精细木工组第一

名。然而，说起这次业内的比武夺魁，他更看重的是大赛带给他的学习新知、切磋技艺、提高水平的机会。

大赛前的训练，翟筛红总是最后一个拿料，那都是其他选手挑剩下的料，这让翟筛红学到了如何更好地处理木料瑕疵的技巧；理论比赛部分，很多"聪明"的选手都认为背熟教材比听讲更省时有效，唯独翟筛红生怕错过每一次跟老师学习交流的机会。偏巧教材中有一处印刷错误，只有翟筛红和老师讨教过，获得了正确的答案。

翟筛红一战成名，不但成为公司正式员工，还被破格提拔为装饰公司副总经理。然而半年后，翟筛红辞去副总经理的职务，要求到一线继续做他的木工活。他说："我就是一个手艺人。俗话说，拳不离手，曲不离口，一坐办公室，我的木工技术就全废了。"

翟筛红不是一个善言的人，对他而言，最擅长的"语言"就是他的木工活。一旦站在操作台前，他的精气神立刻就不一样了，双手在大大小小几十件工具中翻飞，灵巧地刨、画、锯、凿、锤。他悄悄透漏一个手艺人的小秘密："比如做一个屋面，工匠师傅会把自己的名字悄悄刻在上面，油毛毡一盖，别人谁都看不到。但谁在这里施过工，名字永远刻在那儿，拆房子的时候是看得到的。"

不求眼前的功名利禄，职位经得起后人评说。要做到这一点，对技艺的追求就永远没有尽头。如今的翟筛红不再为生计发愁，却依然不改匠人本色。他费尽心思研究木作工艺，不断改进、优化传统工法。在常州天隽峰、马鞍山大剧院、西安华南城、西安新地城、洛阳牡丹城、株洲神农大剧院等重大工程中，都留下了他的杰作。他将每一项工程、每一个项目当成一次又一次学习的机会；将每一项工程、每一个项目的完工当成交给老师的作业。如果说"工匠大学有论文答辩的话，那些他经手过或主持过的荣获国家鲁班奖、建筑工程装饰奖的项目，就是对他论文答辩的最后评判。

2015年，中建五局组建了"翟筛红劳模创新工作室"。虽然觉得把自己的名字放进去有点不好意思，但翟筛红还是觉得成立工作室是一件好事，因为他有了和工友交流技术、切磋技艺的平台。在这个平台上，翟筛红一面手把手地传授精细木工的传统技艺，一面继续带动技术精英，将传统木工技艺和现代建筑科技相结合，锐意进取。在他的带动下，公司先后又有七项创新成果获得国家专利。

有不一般本事的人，一般都会有着不一般的坚持。翟筛红的坚持就是他所说的"走到哪儿就学到哪儿"。他不爱打牌，也不睡懒觉，别人娱乐休息的时候，他总是琢磨着怎样提高技艺。哪里有古建筑和庙宇楼台，哪里有独特的装饰工程，哪里就一准能看到他的身影。在无锡做工程的时候，太湖鼋头渚古庙里的木质雕龙有多少枚鳞片他都清楚。正是这种"艺无止境"的追求，正是在"工匠大学"里的不断学习，最终将一个农民工打造成走进央视《焦点访谈》的木工大师。

吕义聪和翟筛红都是学徒出身，都没有接受过正规的学历教育，甚至连基本的职业培训经历都没有。但他们都在"生产实践"这所"工匠大学"里获得了应有的"学历"，获得了连他们自己当初都没有想到的大师级"学位"和行业领域内"技能大师"的地位。如果说他们最初的动力仅仅来自改变自身命运的想法，那么"工匠大学"给予他们的是更为高远的目标和更为强劲的动力，让他们在艺海的波涛中一路扬帆远航。

行动：

谈谈我们怎样才能做一个创新进取的人？

第九章　顶岗实习指导

顶岗实习是中职学生从校内到校外、从学生到职工、从毕业到就业的过渡，是学生人生和职业生涯中一次重要的蜕变之旅。一方面学生要对顶岗实习有一个客观正确的认知，明确工作岗位的要求；另一方面中职学生必须走进企业，与企业零距离接轨，尽快融入企业生活，并从容不迫地适应现代职业人的生活和工作节奏。

第一节　顶岗实习有关事宜

目标：

学生走进企业，就是走进一个与学校完全不相同的环境，文化不同，制度不同，节奏不同，学习内容也与在学校学习的有一定差距，学生难免会有不适感。只有做好充分准备，充分了解顶岗实习的有关事宜，才能把这种不适降到最低，尽快适应岗位需求。

通过本节学习，让学生了解顶岗实习的途径和类型，了解顶岗实习要学习什么，以及学校对学生在顶岗实习时有什么要求。

任务：

从学校到企业，这是一个新的里程碑，学生要学习如何将所学理论知识转化为生产及服务能力，适应新环境，学习新知识。

随着电子商务及互联网产业的发展，尤其是"互联网＋"对于技术提升与产业转型的大力推动，为职业院校的能力建设以及传统产业转型方面提供了前所未有的发展机遇。在"互联网＋"大背景下，如何推进校企合作由浅入深，创建新型校企合作模式是我们当务之急要思考的问题。

一、顶岗实习有政策大力支持

近十年来，国家出台了多个政策支持"校企合作、工学结合"的人才培养模式，鼓励职校学生到生产一线参加顶岗实习，提升专业技能和其他工作能力，具体的政策简单梳理如下：

（一）2005年，《国务院关于大力发展职业教育的决定》中明确指出"大力推行工学结合、校企合作的培养模式。与企业紧密联系，加强学生的生产实习和社会实践，改革以学校和课堂为中心的传统人才培养模式。中等职业学校在校学生最后一年要到企业等用人单位顶岗实习。"

（二）2007年，教育部、财政部出台《关于中等职业学校学生实习管理办法》提出"中等职业学校三年级学生要到生产服务一线参加顶岗实习"。

（三）2008年，《教育部关于进一步深化中等职业教育教学改革的若干意见》提出要"改革人才培养模式，大力推行工学结合、校企合作、顶岗实习"，强调"工学结合、校企合作、顶岗实习，是具有中国特色的职业教育人才培养模式和中等职业学校基本的教学制度。当前的重点是要建立行业、企业、学校共同参与的机制，采取有效措施，进一步完善学生到企业顶岗实习的制度，努力形成以学校为主体，企业和学校共同教育、管理和训练学生的教学模式"。

（四）2010年，《国家中长期教育改革和发展规划纲要（2010～2020年）》中指出："把提高质量作为重点。以服务为宗旨，以就业为导向，推进教育教学改革。实行工学结合、校企合作、顶岗实习的人才培养模式。"

（五）2011年，《教育部关于充分发挥行业指导作用推进职业教育改革发展的意见》中指出："职业教育要充分依靠行业，加强产学研结合，密切校企合作、工学结合。"

（六）2012年，教育部颁布了《职业学校学生顶岗实习管理规定（试行）（征求意见稿）》中："第十四条：学校和实习单位应当结合顶岗实习的特点和内容，共同做好顶岗实习期间的教育教学工作，对学生开展职业技能教育，开展敬业爱岗、诚实守信为重点的职业道德教育，开展企业文化教育和安全生产教育。"

（七）2013年，党的十八届三中全会上《关于全面深化改革若干重大问题的决定》提出要"加快现代职业教育体系建设，深化产教融合、校企合作，培养高素质劳动者和技能型人才"。

（八）2014年，《国务院关于加快发展现代职业教育的决定》中强调："推进人才培养模式创新。坚持校企合作，工学结合，强化教学、学习、实训相融合的教育教学活动。推行项目教学、案例教学、工作过程导向教学等教学模式。加大实习实训在教学中的比重，创新顶岗实习形式，强化以育人为目标的实习实训考核评价。"

（九）2014年，《现代职业教育体系建设规划（2014～2020年）》详细阐述了"完善校企合作、工学结合的人才培养体系"的具体内容，即"将工学结合贯穿职业教育教学全过程，学生从入学开始就接受相应的动手和实践课程，并根据培养目标同步深化文化、技术和技能学习与训练，逐步实现就业需求和人才培养的有机衔接。加强科学素养、技术思维和实践能力教育，加强实验、实训、实习和研究性学习环节。加强工程实践中心、实训基地和企业实习基地的建设，保障学习者有质量的实习实训需求。强化实习实训环节的评价考核。在有条件的企业试行职业院校和企业联合招生、联合培养的学徒制，企业根据用工需求与职业院校实行联合招生（招工）、联合培养。"

二、校企合作、工学结合、顶岗实习的区别与联系

对于中职学生来说，校企合作、工学结合与顶岗实习已是耳熟能详，那么三者到底各是什么呢？又有何区别和联系呢？认识这一点，对即将奔赴顶岗实习岗位的中职学子是十分必要的。

（一）校企合作。校企合作开展职业教育是一种以市场和社会需求为导向的运行机制，是以培养学生的全面素质、综合能力和就业竞争力为重点，利用职业学校和企业两种不同的教育环境和教学资源，采取课堂教学和学生参加实际工作有机结合，来培养实用型人才。校企合作主要体现在培养计划校企共定、教学资源校企共享、教学过程校企共管、文化氛围校企共融等方面实行合作。校企合作可以实现信息资源共享，发挥企业和学校两方面的人才培养优势，共同作用于学生，促进校企双方共同发展，达到人才培养目标。

（二）工学结合。工学结合是中职学校与企业合作培养技能型人才的一种教育模式。"工"即工作，指学生在企业实践，或作为企业员工的一员进行实习，在工作中培养职业素质和提高技能；"学"即学习，指学生在学校进行基础知识、专业知识、技术技能的学习以及人文素质培养。工学结合就是在人

才培养方式或途径上实现理论和实践一体化，实质就是让学生在理论学习过程中穿插体验职业性的教学情境，将工作（实习）过程中的问题再带回学校继续学习和消化，为顶岗实习打下坚实的基础。它强调充分利用学校和企业的不同教育资源，将课堂的理论学习与企业的岗位操作紧密结合，使学生在学习期间既要在学校接受与职业相关的理论教育，又要在实训基地进行相应的职业技能的训练，还要到企业参加生产性工作。这主要突出了教学过程的实践性、开放性和职业性，它的主要目的是提高学生的综合素质和就业竞争能力，培养受企业欢迎且实用的高素质技能型人才。

（三）顶岗实习。顶岗实习是校企合作、工学结合的综合和检验。不同于普通实习实训，顶岗实习需要完全履行其岗位的全部职责。顶岗实习一般安排在学生在校学习的最后一年，这是符合教育规律的。顶岗实习是职业院校有效实现与企业"零距离接触"、推行校企合作人才培养模式的关键方式。它是指学生毕业前最后一年以"准员工"身份投入到指定企业的正式岗位中，按照企业制度和管理规范，承担起工作岗位所规定的责任和义务，在工作实践中对所学专业知识加以运用与巩固，不断积累工作经验，增强专业技能和职业能力，并获得一定的劳动报酬。在顶岗实习期间，学生既是企业员工，又是学校学生，具有双重身份。其独特性在于要求学生完全履行其实习岗位的所有职责，独当一面，具有很大的挑战性。

学校在组织学生顶岗实习时，应严格按照专业对口的原则。如果学校仅仅将学生视为廉价劳动力，甚至以此作为激发企业提供岗位的动力，不仅与其制订的人才培养目标相背离，这样的"校企合作"也是不可能持续的。将顶岗实习转化为简单劳动，不但不能达到学校设计的目的，还会使学生对实习失去兴趣，从而影响其对本职业的正确认知。

（四）校企合作、工学结合和顶岗实习三者的关系。校企合作、工学结合与顶岗实习三者是互相依赖、互相作用的，是职业教育一个问题的三个方面，三者统一于人才培养的实践之中。职业教育的培养目标是培养生产第一线的高素质劳动者，学生的职业素养和技能必须在真实的工作场景和真刀真枪的实践中去培养。这就要求必须实行"工学结合"的人才培养模式，以适应企业对技能型人才的需求。

顶岗实习以其工作岗位的真实性、工作环境的复杂性、工作经历与体验的综合性已成为中职实践教学体系不可缺少的重要环节，是中职学校有效推进工学结合人才培养模式的重要形式。

校企合作是工学结合的前提和基础，没有校企合作这个平台，工学结合将失去前提和基础，"工"与"学"将无法"结合"，人才培养也就无从谈起。工学结合是校企合作的出发点和本质，校企合作的目的是实现"工"与"学"的结合，并以此为改革的切入点，带动专业调整与建设，引导课程设置、教学内容和教学方法改革，使学校在校企合作中创新人才培养模式，从而达到技能人才培养的目的。

顶岗实习是工学结合的综合和提升，是校企合作的检验，对学生是全面综合实习的时机，是步入社会的过渡阶段；对企业是校企合作的收获季节，是选用员工的绝佳良机。顶岗实习又反过来进一步促进了校企合作、工学结合的发展。

三、普通实习实训与顶岗实习的关系

实践性是职业教育的鲜明特色。中职学生一般会接受普通的实习实训和顶岗实习两种实践方式。那么，顶岗实习与普通实习有何联系？又有何区别呢？

（一）两者之间的共同点。

一是都是对所学知识与能力的巩固、弥补提高的过程。两者都是对所学知识和技能在实际工作中的有效融合，是对所学知识与能力的反复运用，从而使所学知识与技能得到进一步巩固和强化。是对所学知识和技能的检验，是一个查漏补缺、弥补不足的过程。是对学生所学技能的训练，是提高操作熟练程度、提升专业综合能力的过程。

二是为毕业做准备工作的过程。学生经过两到三年的学习之后，一般会面临走上工作岗位，而走上工作岗位则需要多方面的准备，如心理上的准备、经验上的准备等。在实习中，学生通过在企业中的实际学习磨炼，会逐渐消除对工作岗位的陌生和恐惧，既丰富了工作经验，也为毕业工作打下了一定的基础。学生能够深入到生产服务的第一线进行脚踏实地的工作，培养岗位意识和岗位责任，完成从学校到企业，从课堂到车间的角色转变和观念转变，增强工作适应能力。

（二）两者的不同。

一是时间安排不同。普通的实习时间安排比较灵活，教学时间或者寒暑

假都可以进行实习，而顶岗实习一般不少于半年，且一般会安排在校学习的最后一年。

二是管理体制不同。普通实习的学生管理一般有学校安排专门的实习带队老师来负责，顶岗实习则是由学校和企业共同来管理。

三是学生身份不同。普通实习的学生对实习单位而言是实习生，一般实习生不承担相应岗位工作，实习生参与岗位工作的多少对实习单位工作影响不大，实习单位对其约束力也相对较弱。顶岗实习的学生应承担相应岗位工作，是实习单位的"准员工"，工作数量、质量直接影响实习单位的效益，对学生依照企业的制度规范和生产要求进行管理，对实习生约束力强。

四、顶岗实习的途径和类型

途径主要有学校组织推荐和实习生自主找实习单位。作为一种重要的实践教学环节，在形式上可分为集中顶岗实习和分散顶岗实习。前者是学校为了方便统一管理和完成学生的学习任务，有学校安排指导教师带队到实习单位进行顶岗实习的一种方式。一方面，学生基本在同一单位，学生之间相互学习和交流。学生会针对岗位中存在的一些问题或者自己所没有掌握的知识和技能，相互学习交流，取长补短，挖掘个人的创造潜能，提高实习质量和学生的素质。而分散实习主要是指有的学生自己联系实习单位进行顶岗实习。

在时间上，可分为教学顶岗实习和毕业顶岗实习。前者是指在某一学期中的一段时间安排学生到校内外的教学基地进行较短时间的顶岗实习。这种类型主要针对低年级的学生，强调对某一岗位技能的熟练程度，如机电一体化专业，可以针对本专业面向的钳工、车工等岗位中的某一个岗位进行顶岗。毕业顶岗实习是学生毕业前夕进行的顶岗实习，是学生在校学习期满后，由企业直接招工上班，对企业来说，学生已成为企业的职工，对学生来说，虽然已经到企业就业，但仍然是学校的学生。

五、校企合作的具体实施模式

校企合作模式一：劳动和教学相结合、工学交替

实施方式大致采取了如下两种：①工读轮换制：把同专业同年级的学生分为两部分，一部分在学校上课，一部分去企业劳动或接受实际培训，按学期或学季轮换。②全日劳动、工余上课制：学生在企业被全日雇佣，顶班劳

动,利用工余时间进行学习,通过讲课、讨论等方式把学习和劳动的内容联系起来,学生在学校学习系统的课程,到企业去是技能提升训练。

校企合作模式二:校企互动式模式

企业优秀管理者或技术人员到学校授课,促进校企双方互聘,企业工程师走进学校给学生授课,同时学校教师给企业员工培训,提高员工的素质。例如:汽车维修专业长期聘请企业技术人员作为客座教授到校授课。

案例故事:

山东某技师院校汽车专业本着合作发展、互利共赢的原则,积极推行"校企合作、工学结合、学习交替、订单培养、定标培养、顶岗培养"的人才培养模式,近几年,积极开拓校企合作渠道,逐渐由市内向省内外扩展,由中小企业向大型企业扩展,由汽车4S店向汽车主机厂扩展,先后与50多家汽车企业开展校企合作,建立了学校和企业的共赢体。每学期,该专业都会向各大汽车企业输送工学交替学生,占本学期1000多名在校生的1/3,这样高比例的工学交替,可以让学生将所学的专业知识在实践中得到运用和修正。同时,该专业也与多家企业成立"冠名班""订单班",企业具备条件的,可以灵活地选择在企业上课,充分利用企业的场地、设备、技术等资源,培养了一批走出校门即可上岗的员工。除了"走出去",我们也"请进来"。该专业把行业的专家、企业的技术总监、人力资源培训师、大赛的评委等都请到学校,聘其为客座教授,定期给学生授课,提前把更多的企业文化、企业管理、先进技术输送给学生,大大提高了学生走上工作岗位的适应能力。

六、顶岗实习要学习什么

顶岗实习是教育计划的重要内容,也是一种更为重要的学习,和理论学习同等重要。学生顶岗实习,要学习的地方很多,如了解企业概况和企业文化;了解企业的组织结构、规章制度、工作流程;熟悉具体部门和岗位的业务流程、工作规范、处理方法;掌握相应岗位的操作技能;按照企业要求初步形成职业能力、初步养成职业道德和职业素养;初步的管理能力的提高与总结,等等。总之,职业的再认知、职业文化的感悟、职业情感的培养、职业道德的修炼、人职匹配的磨合等,都是顶岗实习中所要学习的重要内容。其中,职业道德和职业精神的培养是中职学子顶岗实习学习的重中之重,可以从以下几个方面来学习：

（一）认真学习企业员工的爱岗敬业精神。俗话说："不爱岗就下岗，不敬业就失业。"在任何一家用人单位，爱岗敬业是对员工素质的基本要求，要干一行，爱一行，专一行，精一行。任何一家企业对员工都有严格要求。每项工作都有特定的作用，犹如一台运转的机器，即使是一颗普通的螺丝钉，其作用也是不可忽视的。因此，爱岗敬业从一定意义上讲，是企业稳定发展的基石，也是企业用人的基本要求。

（二）要认真学习企业员工的吃苦耐劳精神。吃苦耐劳是中华民族的优秀品德。"一个优秀的人才，必定是劳其筋骨，磨其心智，最终才能脱颖而出。"吃苦耐劳、艰苦奋斗，都是在逆境中磨炼人的意志，扬鞭催人走向成熟，具备这种品质的员工，才能得到企业重用。企业对他的认同又激发他对事业的不断追求，迎难而上，奋发努力，到达成功的彼岸。这种优良的品质，是民族自强不息的品质，必须继承和发扬，必须在艰苦的第一线，卧薪尝胆，刻苦学习，使之成为自己人生道路上一笔"珍贵财富"。要想今后少吃苦，就必须发奋努力积累知识、积累才干，才能以后少吃苦。

（三）要认真学习员工的严肃认真的工作态度。一个管理严谨的企业，其员工对工作是严肃认真的，这是管理效应，是企业生产经营对员工职业素养的必然要求。这是因为，企业的每项工作都要靠员工去运作，在运作的过程中，不能敷衍了事，粗枝大叶，特别是在工业性企业，生产制造每个机器零件的"公差配合"必须科学严密，不能出现丝毫的纰漏，否则，生产的工件就是一件废品，就是浪费人力、物力和财力，其成本是令人痛心的。因此，在顶岗实习中，首先要从基层做起，从小事做起，认真做好每件事，这是职业品质、职业素质。只有具备了这种职业素质的员工，才能得到企业认同，得到企业尊重，才有发展机会。

（四）要认真学习员工的诚实、守时品质。做人诚实，是企业用人的重要尺度。公司的工作要靠人去做，人是第一要素，"要想做事，必先做人"，只有做"好"人，才能做好事。做人不实，做事就不会实，用人单位在聘用员工时，首先强调的是做人的品质。在守时方面，守时就是自觉遵守企业或公司的规章制度。制度是企业生产经营的尺度，员工必须按照这个尺度来规范自己的言行。当然，企业内部的制度可分为生产制度、生活制度和工艺制度，这些制度的制订都是为了顺应市场要求而演变催生出来的，应该说，都是相对科学合理的，能促进企业管理规范化、科学化和制度化。如果一个企业有制度，而无人遵循，那么这个企业必将走向衰亡。这是社会进步的必然规律。而企业想要在激烈的市场竞争中生存和发展，守时和诚信是必不可少的。学生在顶岗实习中必须以虚心的态度，认真努力学习，而且要努力做到诚信和守时。

（五）要认真学习企业的科学管理技能。管理是一门科学，更是一门学问和艺术。科学的管理能给企业插上腾飞的翅膀。选择一个优秀的企业，特别是科学管理好的明星企业，对参加实习学生来讲，无形中会增长自身的科学而严谨的管理意识。实习生就是要在企业磨炼、锻炼，在实践中增长管理才干，增长做人的才干。

七、学校对学生顶岗实习的一般要求

每个学校对学生顶岗实习的安排有所不同，对顶岗实习的具体要求也有所区别，但是大体要求却趋同：

1. 严格按照《顶岗实习教学计划》、《顶岗实习工作方案》和实习指导教师安排要求，认真完成各项实习任务。

2. 尊重实习单位技术人员的指导，虚心学习，主动协助实习单位做一些力所能及的工作（如参加公益劳动等）。

3. 实习期间安排好思想学习和文体活动，积极参加实习单位的有益活动。

4. 顶岗实习期间，要求所有实习生从实习开始每天必须写一次工作日志（实习内容、实习所见所闻、收获、感想等）。

5. 实习结束，所有实习生都必须交一个实习总结或报告，内容包括实习时间、思想表现、组织纪律、工作作风、具体操作项目、实习收获与体会等。

6. 学生因故需调整实习单位，至少应提前一周向实习单位提出申请，在征得实习单位或实习指导教师的同意后，方可调换。

7. 注意人身和财产安全，严防安全事故发生，确保实习安全。

×××职业技术学校学生顶岗实习守则

1. 学生必须按培养计划规定参加实习，穿工作服并按实习大纲、计划的要求，完成实习任务。实习期间，必须记好实习日记（工学交替、毕业实习期间记实习周记），内容为每天（周）完成的实习任务和收获。

2. 实习期间应听从教师、技术人员的指导，虚心学习，加强团结，密切合作，主动处理好厂校关系。爱护国家财产，对所用的机器、设备要按规定维护保养。造成责任事故或丢失工具的，视情节轻重给予赔偿经济损失等处理。

3. 学生必须严格遵守所在实习单位的有关规章制度，特别是安全操作规程、劳动纪律等，如有违反者，视情节轻重分别给予批评教育或其他纪律处分。必要时，应停止其实习，并及时按有关规定进行处理。

4. 顶岗实习期间，学生需要请假、辞职必须办理相关辞职手续，具体实施程序按照顶岗实习学生请假、辞职管理相关条款操作。

5. 顶岗实习期间，学生必须按时到实习场地进行实习，严禁迟到、早退、擅离工作岗位、互串岗位和干私活等，否则按顶岗实习单位纪律并结合《学校学生管理条例》进行处理，视情节给予通报批评或警告及以上处分。

6. 顶岗实习期间，学生原则上不得请假，遇特殊情况须履行请假手续，否则按旷课处理，学校将根据学生管理条例给予相应纪律处分。

7. 未经校内指导教师和顶岗实习单位允许擅自离开顶岗实习单位的或不遵守相关规定被实习单位辞退的，将视情节给予警告及以上处分，特别严重者给予开除学籍处分。

8. 顶岗实习期间，学生要特别注意交通安全、人身安全等，防止意外伤害事故的发生，一旦发生意外，要立即报告校内指导教师。

9. 如在住宿、生活、学习、工作等方面对顶岗实习单位有意见的，必须通过校内指导教师代表学校与顶岗实习单位沟通，严禁采取集体上访、集体罢工、集体闹事等过激手段，违者，学校将视情节给予警告以上处分，情节严重并造成严重影响的给予开除学籍处分，触犯法律者将送交公安机关处理。

10. 学生实习结束应填写学生实习鉴定表，由实习单位对其实习期间的表现进行鉴定并加盖单位公章后送至所属学校。学生实习结束应按规定上交实习日(周)记和实习报告，进行毕业实习的学生应及时将就业协议或录用证明寄送至所属学校。分散实习的学生应及时与学校保持联系，向学校汇报实习情况。

11. 实习期间要强化安全意识，注意防火、防盗、防交通事故；严禁到江、河、湖、海游泳，不准参与赌博，严禁上舞厅、夜总会、酗酒，确保个人人身及财产安全。

12. 在顶岗实习过程中要谨防就业骗局和陷阱，以及传销组织的诱骗。对从网上或亲友、同学处获得的就业信息，应认真了解该单位的资质详细情况，谨防上当受骗。如用人单位提出先交押金、收走各种证件等无理条件，要及时和实习指导教师联系，特殊情况下应立即报警。

八、校企合作顶岗实习过程中存在的问题

企业比较重视员工的沟通协调、持续学习、团队合作、思考解决问题的能力、吃苦耐劳的精神和良好的职业道德。而现在的部分学生既要求工作待遇高、轻松，又过分强调自身个性，团结协作精神不强；有的学生没有时间观念、工作效率低下，缺乏工作责任感和组织纪律性；轻易解除与企业的实习协议，诚信意识不强。因此，企业反映部分学生的质量难以达到岗位的要求，学生自身的状况影响了企业与学校的关系，有的甚至损害了学校的声誉。

职业学校教育重视学生技能培养，强调实践。但一些家长认为学生就应该在课堂上听教师讲课，出去顶岗实习浪费了学习时间，对职业教育的特色、顶岗实习的意义不了解，不支持子女按学校教学计划出去顶岗实习。当听到子女在实习过程中抱怨辛苦或有安全问题，就找学校说情想让子女中断实习，甚至于有的帮孩子造假请病假。

九、顶岗实习中的回炉培训制度

回炉培训制度是有些学校顶岗实习工作中的一个创新。用人单位认为，学生达不到要求，或者学生自己感到不能适应岗位要求，学校对这部分学生实施再培训，经过培训合格后，让学生顺利重返顶岗实习岗位。学生在下列情况下需要回炉培训：学生违纪被企业辞退的；学生专业素质、专业技能未能达到企业要求；学生无正当理由擅自离岗；学生无正当理由要求离岗且获企业和学校同意的；学校认为有必要进行培训的。

评估：

根据本节所学内容讨论以下问题：

1. 校企合作、工学结合、顶岗实习有什么区别和联系？

2. 顶岗实习要学习什么？

第二节 对企业管理及员工素养的认知

目标：

"没有规矩不成方圆。"任何企业都必须有自己的规章制度，才能保证企业正常运转。作为企业员工，必须遵守企业的各项规章制度，才能随着企业的发展进行自己的职业生涯规划。同时，员工想在企业中有较好的职业发展，必须具备一定的职业素养，才能成为优质员工，进而有更好的职业发展前景。

任务：

学生在顶岗实习时，在职业素养上要和企业员工看齐，不但要遵守企业各项规章制度，还要努力塑造自己的职业素养。

企业所需要的是综合型人才，它所需要的学生首先要具备较高的职业素质，较好的思想品德、规范的行为习惯，能吃苦耐劳，有较强的组织观念和服从意识。好多单位都愿意要从农村来的学生，就是因为农村学生比城市学生吃得苦，比城市学生勤快，比城市学生好管理，服从意识强一些。还有一点，员工的工作态度是大部分企业最为看中的，老板把工作态度看得比专业知识更重要。他们认为一个人的知识技能可以通过培训提高，但工作态度很大部分是受个人的生活习惯性格影响的，一旦养成，很难改变。

案例故事：

小王是公司的文员，她的职责之一就是打印上司的文稿，她的做法是，在尽快的时间内按上司的文稿一字不差地打印，再排好版，她认为她的工作已经完成，她是尽职尽责的。

小张是另一公司的文员，她打印文稿的做法是在尽快的时间内按上司的文稿打印并排好版之后，再检查原草稿中是否有错别字，语句是否通顺，语法是否正确，修改后她的工作才算完成了。

如果你是公司管理者，你对哪个文员满意度高，会雇佣哪个文员呢？

一、企业员工需要遵守的职业道德规范

职业道德是员工在职业生涯中的政治生命，是员工必须遵循的与职业有关的道德准则和行为规范，是一个人道德品质的重要组成部分。良好的职业

道德水准是企业对员工的基本要求之一，也是企业优秀文化的重要组成部分。不同行业不同职业有不同的职业道德规范，归纳起来一般有：

爱国守法，遵守国家各项法律和企业的各项规章制度。

热爱公司，忠诚于公司，维护公司的形象、荣誉和利益。

具有职业理想与抱负，甘愿为企业奉献自己的智慧和力量。

奉行团队精神和集体主义原则，团结奋进，不断超越。

为人正直、以诚待人，言之有效、信守承诺。

顾全大局，尽职尽责，勇挑重担，个人利益服从集体利益。

忠于职守，不断优化工作方法，坦诚提出合理化建议。

提倡现代职业文明，尊重劳动、知识、人才和创造，争创文明岗位，争做文明职工。

发扬勤奋和实干的精神，优质、高效地完成承担的工作。

注重文化修养，积极参与各种文化学习，提高整体素质及业务技能。

必须遵守企业关于商业秘密保护的有关规定，不准泄露或擅自使用任何与企业相关的保密信息。

要遵守企业经营业务所在地区的法律、法规。

二、企业员工纪律规范

无规矩不成方圆。为促进企业的正常有序运转，企业往往根据具体情况为自己员工量身定制一些规章制度，要求员工认真去贯彻和遵守。每个企业和行业会根据自身特点，制订一些具体的员工纪律规范，以《×××酒店的员工纪律规范》为例，供我们即将参加实习的学生参考和借鉴。

×××酒店的员工纪律规范

1. 准时上班，并按酒店规定打卡，不得代他人或委托他人打卡。

2. 上下班走员工通道，随身携带的物品，须主动接受保安人员及上级有关人员的检查。

3. 保管好《员工手册》、工作证、餐卡等各种证件。员工调离酒店，必须按要求将工作证等相关证件交回有关部门，不得将工服等物品擅自带离酒店。

4. 员工均应按酒店规定着工服，保持工服整洁，仪表端庄。

5. 员工必须严守酒店保密制度，不得向外界提供有关人事、经营管理、财务、设备等信息、文件资料；如有查询，应由有关部门负责接待。

6. 员工必须按规定时间在员工食堂就餐，未经允许不得将食物带出食堂。

7. 员工一般不得在酒店内打（接）私人电话，如有特殊情况，需经主管领导批准，到指定地。

8. 员工休假或下班后不得在酒店逗留（员工宿舍及员工活动室除外）。

9. 员工不得在酒店内留宿。

10. 员工不得使用客用卫生间及客用电梯。

11. 当班时间员工不得擅离工作岗位、串岗或做与工作无关的事情。

12. 不得使用污言秽语，不允许在酒店内打架斗殴。

13. 员工不得擅自更换衣柜，不得私自换锁、撬锁。

14. 不得在非吸烟区域吸烟。

15. 不得使用酒店各类客用物品，如酒店的信封、信纸等客用物。

16. 不得偷拿酒店及他人的钱财物。

17. 不得向客人索取小费和物品。

18. 不得在墙壁等地乱涂乱画等。

19. 准时上、下班，工作中不能擅离职守或串岗，下班后无故不得在酒店逗留。

20. 营业时间内，每个工作岗位都必须有人当值，若出现擅离岗位的情况，以渎职论处。

21. 如因特殊情况需调班或调休者，必须经主任级以上人员批准方可生效。

22. 员工请假必须提前通知主管，事假提前一天，病假酌情处理，但必须提供有关医院的医生证明，经批准后方为有效。

23. 若因工作需要，要求雇员加班时，员工必须服从上级安排。

24. 员工的上下班、休假及用膳时间等日常工作由主管或主任安排。

25. 工作中要绝对服从上司安排，不可对上司无礼。若对上司的工作方式有异议或建议，可事后向上级反映。

26. 工作过程中发生解决不了的问题，应马上通知当值主管处理，不可自作主张。

27. 若发现工作中有作弊行为者，除赔偿全部款项外当即予以无偿解雇处分，情节严重者送司法机关处理。

28. 上班时间内不准大声喧哗，不准吃零食，不准看报纸、杂志，不准睡觉。

29. 上班时间不准携带私款，一经发现以作弊论处。

30. 岗位电话是为工作之便而设，凡事应长话短说。未经主任级以上人员批准不得接听私人电话，如利用电话长时间聊天者，严加处理。

31. 不准搬弄是非，诽谤他人，影响团结。

32. 不可在酒店营业范围内接待亲友。

33. 酒店全面推广普通话，不能用方言在酒店营业范围内与同事交谈。

34. 未经特许不可使用酒店餐饮、客房、娱乐等设施。

35. 工作中要认真负责，严格遵照工作程序进行操作，避免差错，因违反操作程序或疏忽大意所造成的损失由当事人负责。

36. 管理人员应以身作则，若带头违反规定，一律加重处罚。

37. 遇到客人投诉时应细心聆听，自己无法解决的问题应马上向当值主管、大堂副经理或楼面经理汇报，以便问题得到妥善解决。

38. 根据规定，员工上班时间不得接听私人电话，不得携带手机上班。

三、企业管理规范制度

任何企业都有其一套切实可行的管理制度。不管认不认同，作为新人，遵守制度是起码的职业道德。入职后，应该首先学习员工守则，熟悉企业文化，以便在制度规定的范围内行使自己的职责，发挥所能，千万不可认为处处顶撞和违反公司制度是一种英雄行为。

中职学生在进行顶岗实习之前，也必须对企业的管理规范有一定的认知。

遵守企业各项管理制度是企业对员工的最基本要求。不管是顶岗实习的实习生员工还是工作多年的正式员工，都要遵守企业的各项管理制度。

四、生产车间管理制度

在顶岗实习过程中，我们相当一部分学生会到生产一线开始顶岗实习的学习与实践。了解生产车间的管理规定，按照车间生产管理的具体要求开展生产实践活动，是一门必修课程。

五、优秀员工必备的职业素养

职业素养是指职业内在的规范和要求，是在职业过程中表现出来的综合品质，包含职业道德、职业技能、职业行为、职业作风和职业意识等方面。

成为企业青睐的优秀员工是中职学生的一种理想，也是教师教书育人对学生的一种殷切期望，更是家长望子成龙、望女成凤的一个重要方面。在正式进入岗位角色之前，中职学生需要在了解优秀员工必备的职业素养的基础上，以此为基本的奋斗指南，将自己培养成为企业欢迎、同事爱戴、家人骄傲的优秀企业员工。那么，普遍被接受的优秀员工应该具备哪些基本的职业素养呢？

1. 像老板一样专注。作为一个一流的员工，不要只是停留在"为了工作而工作、单纯为了赚钱而工作"等层面上。而应该站在老板的立场上，用老板的标准来要求自己，像老板那样去专注工作，以实现自己的职场梦想与远大抱负！

2. 学会迅速适应环境。在就业形势越来越严峻、竞争越来越激烈的当今社会，不能够迅速适应环境已经成了个人素质中的一块短板，这也是无法顺利工作的一种表现。相反，善于适应环境却是一种能力的象征，具备这种能力的人，手中也握有了一个可以纵横职场的筹码。

3. 化工作压力为动力。压力是工作中的一种常态。对待压力，不可回避，要以积极的态度去疏导、去化解，并将压力转化为自己前进的动力。人们最出色的工作往往是在高压的情况下做出的，思想上的压力，甚至肉体上的痛苦都可能成为取得巨大成就的兴奋剂。

4. 善于表现自己。在职场中，默默无闻是一种缺乏竞争力的表现，而那些善于表现自己的员工，却能够获得更多的自我展示机会。那些善于表现自己的员工是最具竞争力的员工，他们往往能够迅速脱颖而出。

5. 低调做人，高调做事。工作中，学会低调做人，自己将一次比一次稳健；善于高调做事，自己将一次比一次优秀。在"低调做人"中修炼自己，在"高调做事"中展示自己，这种恰到好处的低调与高调，可以说是一种进可攻、退可守，看似平淡，实则高深的处世谋略。

6. 设立工作目标，按计划执行。在工作中，首先应该明确地了解自己想要什么，然后再去致力追求。一个人如果没有明确的目标，就像船没有罗盘一样。每一份富有成效的工作，都需要明确的目标去指引。缺乏明确目标的人，其工作必将庸庸碌碌。坚定而明确的目标是专注工作的一个重要原则。

7. 做一个时间管理高手。时间对每一个职场人士都是公平的，每个人都拥有相同的时间，但是在同样的时间内，有人表现平平，有人则取得了卓著的工作业绩，造成这种反差的根源在于每个人对时间的管理与使用效率上是存在着巨大差别的。因此，要想在职场中具备不凡的竞争能力，应该先将自己培养成一个时间管理高手。

8. 自动自发，主动就是提高效率。自动自发的员工，善于随时准备去把握机会，永远保持率先主动的精神，并展现超乎他人要求的工作表现。他们头脑中时刻灌输着"主动就是效率，主动、主动、再主动"的工作理念，同时他们也拥有"为了完成任务，能够打破一切常规"的魄力与判断力。显然，这类员工才能在职场中笑到最后。

9. 服从第一。服从上级的指令是员工的天职。"无条件服从"是沃尔玛集团要求每一位员工都必须奉行的行为准则。强化员工对上司指派的任务都必须无条件地服从，在企业组织中，没有服从就没有一切，所谓的创造性、主观能动性等都在服从的基础上才能够产生。否则，公司再好的构想也无从得以推广。那些懂得无条件服从的员工，才能得到企业的认可与重用。

10. 勇于承担责任。德国大众汽车公司认为："没有人能够想当然地'保有'一份好工作，而要靠自己的责任感去争取一份好工作!"世界上也许没有哪个民族比得上德国人更有责任感了，而他们的企业首先强调的还是责任，他们认为没有比员工的责任心所产生的力量更能使企业具有竞争力的了。显然，只有那些具有强烈责任感的员工才能在职场中具备更强的竞争力!

六、企业期待员工具有的价值观

价值观是有关价值和价值关系的一种信念系统，是人们对价值和价值关系的理解和追求，是价值判断的重要尺度和标准，是价值选择和价值行动的持久动力源泉。工作价值观是影响个体的职业选择与生涯规划的主要因素。个人的工作价值观也是对工作的意义的认识，还会影响其工作的意愿和目标，并进而影响其努力程度与工作表现。

在一定意义上讲，一个人具备符合企业需求的价值观和工作价值观，说明这个人和企业在精神上是契合的，是具备相似的精神气质的。中职学生在正式进入企业之前，也要对企业对员工的价值观要求有一定的认知，看自己是否与实习企业或者将来就业企业的价值观不谋而合，为自己将来就业和职业选择做一定的规划和整理。

1. 工作勤奋。企业看重那些懂得并愿意勤奋工作的员工。除了勤奋，还要能够精明地工作，这意味着探索学习完成工作任务的高效方法并寻求完成日常工作的省时方法；同样重要的是在员工工作和完成所有项目时都要有一个积极的态度，只有比预期时间点提前一点完成工作，才能表明员工运用了良好的时间管理技能，而没有利用公司的宝贵时间干私人的事情。今天劳动市场的紧缩形势下解雇员工是一件很平常的事情，所以，认识个人的价值和企业给员工提供的改进机会对保证工作稳定是十分重要的。

2. 独立性和责任感。企业看重那些一旦被指定工作目标后能够按时完成任务的员工，他们能够对自己的表现和行为负责。重要的是如果由于何种原因延误了，一定要与监督者同心协力承担情况变化的责任，这意味着使监督者及时知晓员工所负责的全部项目进展到哪个阶段了。作为一个独立的、负责的员工，要向企业管理者展示能够胜任自己的工作任务，把项目委托给自己是可以放心的，并随时让企业了解应当了解的情况。

3. 具有积极的态度。企业总是在寻求能够在合理的时间内主动并积极完成任务的员工。一个正面的态度可以顺利完成任务并带动他人，使大家不陷入不可避免的挑战带来的任何困境。一个热情的员工能创造一个好的愿望并给他人树立一个榜样。一个正面的积极态度对于监督者和同事是最有价值的，而且这也使得我们每天的工作充满乐趣。

4. 适应能力。企业总是在寻求那些能够在变化了的工作场所以开放的心态对待变化，并能很快适应且灵活地去完成任务的员工。当公司、客户甚至其他企业提出额外要求时，能以更高效的方式完成任务并提供超值服务。通常员工抱怨工作场所的变化令人不理解或加重了工作负担，这种抱怨常常是由于他们自身缺乏灵活性。

适应能力还意味着要适应同事和管理者的个性和工作习惯。每个人有自身的定势和优点，但作为一个团队，高效工作，调整个人行为和容纳他人是必不可少的。要把适应变化作为以更加有效的方式完成任务的机会，适应变化本身也是一种有益的经验。新的策略、新的思路、优先的项目和工作习惯可以在员工中树立一个信念——管理者和员工共同希望将工作场所改变得更加有利于工作。

5. 诚实和正直。企业把员工对诚实和正直的理解看得比什么都重要。良好的关系建立在信任的基础上。当为一个企业工作时,员工应该了解企业能够相信员工的哪些言行。获得客户的信任并保持一个态度——客户总是对的,才能获得商业工作的成功。每一个员工的责任,就是在自身工作的范围内运用对道德和伦理的理解,进行工作和为顾客服务。

6. 自我激励。企业希望得到的员工,是只需要很少的监督和指导就能够以比较专业的方式按时完成任务的员工。管理者如果雇到自我激励的员工,则是一件大好事。对于自我激励的员工,监督中只需要很少的指导。一旦自我激励的员工懂得了他们的工作责任,他们干起来则不需要任何他人的督促。管理者则可以做自己的事,即提供一个安全、支持的工作环境,使员工可以在其中得到学习和成长。在一个富有支持功能的工作环境中,采取主动的自我导向工作,可以使员工有一个良好的感觉和提升自我的评价。

7. 成长与学习的激励。在一个不断变化的工作场所中,企业寻求那些对变化感兴趣并能跟上本领域的新发展和变化的员工。需要提及的是,员工离职的首要原因是企业组织内缺少职业生涯发展的机会。通过专业发展学习新技能、技术、方法和理论,企业才能处于本领域的前沿,才能使员工的工作更具有兴趣和使人兴奋。跟上当前本领域的变化是成功和增强工作安全的攸关因素。

8. 强烈的自信。自信被认为是区分成功者与失败者的一个关键要素。一个有自信心的人是能够鼓舞其他人的。一个有自信心的人是不害怕在自己需要的更多知识领域提出问题的。他们不在乎必须给人留下印象,也不会认为他们需要知道一切,并不以自身的知识引以为荣。

自信的人做自己认为是对的事情并准备承担风险。自信的人可以承认他们自身的错误。他们既认识自己的优点,也认识自己的缺点并准备弥补自身的不足。自信的人具有内在的信念,同时他们的能力也体现在他们对工作的积极态度和对生活的见解等方面。

9. 专业精神。企业在任何时间都关注员工展示的专业行为。专业的行为包括学习一项工作的各个方面并尽个人所能做到最佳。一个专业人士可以通过外表、谈吐和服饰等得到体现,他通过保持行为和外表形成富有自豪感的形象。专业化的员工能够尽快地完成工作任务,决不让未完成的工作堆积起来；他们以细节为导向，专业化地完成高质量的工作。除了上述行为，专业水平的员工还要为其他人树立一个好榜样，其专业精神还表现在对工作的疯狂热爱、对组织及其前景的乐观看法。要成为一位具有专业精神的人，必须要像一个专业人士一样追寻卓越，从一个高的起点走向要达到的理想高度。

10. 忠诚。企业看重那些可以信赖并展示出对公司忠诚的员工。在工作场所忠诚被赋予了新的涵义。对于从开始到退休在同一个公司工作的"从一而终"的日子一去不复返了，也就是说多数人在整个职业生涯中大约要变换多种工作。忠诚对于今天的工作者应重新定义。

公司为员工提供成长和机会，最终将获得员工的忠诚。今天的员工希望感受到企业的公平对待和对自身成功的期望，由此员工将对工作感到满意并愿意做好工作。虽然，这意味着在一个职位上只有 5 ~ 10 年，但员工还是可以奉献他们的忠诚并对公司作出重要的贡献。

今天更多的公司鼓励员工反馈对工作的意见，并为员工提供在本领域深造的机会。这给予员工很高的满足感并产生驾驭自身工作的感觉。授权能鼓舞员工把工作做到最好，因为公司表达了信任和期望——相信员工会做得出色。

企业欢迎员工对工作提出建议并鼓励员工学习和发展新的技能，同样给员工一种在工作场所中被授权的感觉。以组织的目标重塑员工的价值观，将会培育忠诚并建立企业与员工的纽带。培育组织内部的良好关系、提供冲突的建设性解决途径可以形成企业与员工两方的双赢。建设一个充满忠诚的组织，依靠相同的忠诚构建技术和策略，同样可以赢得顾客的忠诚，最终取得商业的成功。

七、企业员工需要的职业品格

职业素养的高低和品格的优劣，对人一生的成就有重大的影响。作为职业素养和职业道德的重要方面，职业品格体现在一个员工在思想和道德层面上应具备的素质，常见的企业员工必备的职业品格有：

（一）忠诚——忠心者不被解雇。单位可能开除有能力的员工，但对一个忠心耿耿的人，不会有领导愿意让他走，他会成为单位这个铁打营盘中最长久的战士，而且是最有发展前景的员工。忠诚员工的表现主要有以下几方面：

站在老板的立场上思考问题；

与上级分享你的想法；

时刻维护公司的利益；

琢磨为公司赚钱。

（二）敬业——每天比老板多做一小时。随着社会进步，人们的知识背景越来越趋同。学历、文凭已不再是公司挑选员工的首要条件。很多公司考察员工的第一条件就是敬业，其次才是专业水平。敬业，通常会表现为以下几点：

工作的目的不仅仅在于报酬；

提供超出报酬的服务与努力；

乐意为工作做出个人牺牲；

模糊上下班概念，完成工作再谈休息；

重视工作中的每一个细节。

（三）自动自发——不要事事等人交代。一个人只要能自动自发地做好一切，哪怕起点比别人低，也会有很大的发展，自发的人永远受老板欢迎。自动自发，通常表现在：

从"要我做"到"我要做"；

主动分担一些"分外"事；

先做后说，给上司惊喜；

学会毛遂自荐；

高标准要求：要求一步，做到三步；

拿捏好主动的尺度，不要急于表现、出风头甚至抢别人的工作。

（四）负责——绝对没有借口，保证完成任务。勇于承担责任的人，对企业有着重要的意义，一个人工作能力可以比别人差，但是一定不能缺乏责任感，凡事推三阻四、找客观原因，而不反思自己，一定会失去上级的信任。负责表现在：

责任的核心在于责任心；

把每一件小事都做好；

言必信，行必果；

错就是错，绝对不要找借口；

让问题的皮球止于你；

不因一点疏忽而铸成大错。

（五）注重效率——算算你的使用成本。高效的工作习惯是每个渴望成功的人所必备的，也是每个单位都非常看重的。注意效率主要体现在：

跟穷忙、瞎忙说"再见"；

心无旁骛，专心致志；

量化、细化每天的工作；

拖延是最狠毒的职业杀手；

牢记优先，要事第一；

防止完美主义成为效率的大敌。

（六）结果导向——咬定功劳，不看苦劳。"无论黑猫、白猫，抓得到老鼠就是好猫！"无论苦干、巧干，出成绩的员工才会受到众人的肯定。企业重视的是员工有多少"功"，而不是有多少"苦"。让自己有"功劳"，可以从如下几方面入手：

一开始就要想怎样把事情做成；

办法永远要比问题多；

聪明地工作而不仅仅是努力工作；

没有条件，就创造条件；

把任务完成得超出预期。

（七）善于沟通——当面开口，当场解决。不好沟通者，即便自己再有才，也只是一个人的才干，既不能传承，又无法进步；好沟通者，哪怕很平庸，也可以边干边学，最终实现自己的价值。培养自己的沟通能力，可以从如下几方面吸取经验：

沟通和八卦是两回事；

不说和说得过多都是一种错；

带着方案去提问题，当面沟通，当场解决；

培养接受批评的情商；

胸怀大局，既报喜也报忧；

内部可以有矛盾，对外一定要一致。

（八）合作——团队提前，自我退后。不管个人能力多强，只要伤害到团队，公司决不会让这样的人久留——不要认为缺了其中一个，团队就无法运转！合作可以从以下几点着手：

滴水融入大海，个人融入团队；

服从总体安排；

遵守纪律才能保证战斗力；

不做团队的"短板"，如果现在是，就要给自己"增高"；

多为别人、为团队考虑。

案例故事：

曾经有人做过这样一个实验，将八九只黄蜂一起放入一个密封的小木箱中，过了几天将它打开，看到木箱的四壁，多出了八九个小洞，每个洞中都有一只死去的黄蜂。

而这些小洞，最浅的也超过了木板厚度的一半。也就是说，只要这些黄蜂在危急关头能够团结合作，每一只都在同一个位置轮流钻上一段，那么完全可以轻易打破木箱，化险为夷，走出绝境。可遗憾的是，它们一个个只顾各自逃命，最后全部命丧黄泉。

（九）积极进取——永远跟上企业的步伐。个人永远要跟上企业的步伐，企业永远要跟上市场的步伐；无论是职场还是市场，无论是个人还是企业，参与者都不希望被淘汰。为此就一定要前进，停就意味着放弃，意味着出局！可以从以下几方面调整心态：

以空杯心态去学习、去汲取；

不要总生气，而要争气；

不要一年经验重复用十年。

八、企业对实习生的几点建议

在我们对即将进入的实习企业品头论足的时候，企业对实习生顶岗实习也有着一定的建议和意见，总结如下供中职学生参考：

（一）从小事做起。实习生没有工作经验，没有历史贡献，要想获得认可，除了认真主动之外，别无他法。不安排具体任务时，要学会自己找事情做。基本上，公司并不指望实习生给企业创造巨大价值，更多的是对实习生处于观察状态，观察其态度和潜力，而且这些观察都是基于工作中的点滴小事。

（二）要有责任感。有时候，企业会非常繁忙，迫不得已需要让实习生加班，大部分人态度还是比较好的，但是也有人觉得太辛苦，一声不吭地就辞职走人了，这种不负责任的表现往往不能让人认同和接受。

（三）要有工作意识。实习生必须明白自己是来实践的，是来增加工作经验和寻求发展机会的。在自己工作岗位上就要做好自己岗位上的事情，就要对职责内的事情负责。

（四）先奉献再考虑报酬。在索取之前要先贡献，真正做了工作之后，企业会把每个人的努力看在眼里，一定会有相应回报的。现在的社会比较现实，但在一个实习生身上，企业仍希望能看到愿意奉献的品质。

（五）不要找借口。现在有不少实习生，能力不错，平时态度也认真，但有一点让企业有些困扰，即犯错的时候首先就想到找借口推卸责任，而不是检讨自己的过失。

评估：

根据本节所学内容讨论以下问题：

1. 企业员工需要遵守哪些职业道德规范？

2. 优秀员工必备的职业素养有哪些？

3. 企业员工需要的职业品格有哪些？

参考文献

1. 张锁林，刘江华，陈金涛：《中职学生顶岗实习指导》，西安交通大学出版社 2015 年。

2. 杨明、高静：《成功走向职场——职业发展与就业指导》，山东人民出版社 2009 年版。

3. 冯函秋：《大学生职业发展与就业指导》，科学出版社 2008 年版。

4. 高校就业类教材课题编写组：《大学生职业发展与就业指导》，吉林大学出版社 2009 年版。

5. 王发明：《大学生职业生涯规划》，同济大学出版社 2009 年版。

6. 王海棠：《大学生就业指导教程》北京大学出版社 2000 年版。

7. 周炳全、谢彩英：《职业生涯规划与就业辅导》，华南理工大学出版社 2008 年版。

8. 陈龙海、李忠霖：《职前就业训练》，北京师范大学出版社 2008 年版。

9. 刘华锋、何爱华：《大学生就业与创业指导》，山东友谊出版社 2007 年版。

10. 刘金伟、张艳华：《大学生就业指导》，北京师范大学出版社 2007 年版。

11. 倪锋：《大学生职业素质培养与职业生涯规划教育的研究》，上海师范大学出版社 2007 年版。

12. 焦连合：《大学生职业发展与就业指导教程》，山东大学出版社 2008 年版。

13. 钟谷兰、杨开：《大学生职业生涯发展与规划》，华东师范大学出版社 2008 年版。

14. 曲振国：《大学生就业指导与职业生涯规划》，清华大学出版社 2008 年版。

图书在版编目(CIP)数据

赢在职场:职业生涯规划就业指导/徐健,柳景深主编. —2 版.
—济南:山东人民出版社,2010.8 (2022.1 重印)

ISBN 978 - 7 - 209 - 05404 - 1

Ⅰ.①赢… Ⅱ.①徐…②柳… Ⅲ.①大学生—职业选择—高
等学校:技术学校—教材 Ⅳ.①G647.38

中国版本图书馆 CIP 数据核字(2010)第 128623 号

责任编辑:常纪栋
封面设计:彭　路

赢在职场——职业生涯规划就业指导
徐　健　柳景深　主编

山东出版传媒股份有限公司
山东人民出版社出版发行

社　　址:济南市英雄山路 165 号　邮　编:250002
网　　址:http://www.sd-book.com.cn
发行部:(0531)82098027　82098028

新华书店经销
山东华立印务有限公司印装

规　格　16 开(169mm×239mm)
印　张　13.5
字　数　200 千字
版　次　2017 年 9 月第 2 版
印　次　2022 年 1 月第 9 次
ISBN 978 - 7 - 209 - 05404 - 1
定　价　28.00 元

如有质量问题,请与印刷厂调换。　电话:(0531)76216033